세상 읽기 시크릿

법칙 101

세상 읽기를 연습하라!

세상의 흐름을 꿰뚫어라!

패턴 뒤에 숨어 '세상을 움직이는 법칙들!'

세상 읽기 시크릿,
법칙 101

이영직 지음

Sb
smart business

세상을 움직이는 법칙으로,
세상의 패턴을 읽는다!

　어느 분야든 깊이 공부하면 법칙, 즉 '모든 사물과 현상의 원인과 결과 사이에 내재하는 보편적, 필연적인 불변의 관계' 가 보인다고 한다.

　한의학을 공부한 사람들은 사람의 걸음걸이만 보고도 그 사람이 앓고 있는 병을 거의 진단할 수 있고, 구두 수선공들은 구두가 닳은 모양만 보고도 그 사람의 성격과 체질을 알 수 있는 것처럼 말이다.

　유명한 추리소설 작가 시드니 셸던은 그의 작품에서 사기 꾼들의 전형적인 수법을 말한다. 돈과 여자를 주면 80%의 사람들은 걸려든다는 것이다. 여기서 빠져나갈 사람은 거의 없다고 한다. 숙련된 수사관들은 자신이 범인이 아니라는 이유를 아주 그럴싸하게 제시하는 사람이, 대부분 범인이라고 한다. 완벽함 속에 오히려 허점이 있다는 것이다.

이제 법칙으로 세상을 읽자. 필연적인 불변의 관계, 법칙의 관점에서 우리 삶의 현재와 미래를 내다보자. '세상의 법칙을 읽을 수 있다면, 훨씬 더 성공적인 삶을 만들어갈 수 있지 않을까' 하는 생각이다.

이 책은 하인리히 법칙에서부터 깨진 유리창의 법칙까지 이 세상을 지배하는 수많은 법칙들을 정리했다. 사전식으로 법칙들을 설명하는 것이 아니라, 그 법칙들의 이해를 돕기 위해 적절한 사건과 이야기를 추가했다. 그래서 이 책이 상식을 뛰어넘어 여러분의 삶에 현실적으로 도움되는 '실천적 교양'으로 읽히기를 바란다.

먼저 여기서 원리와 법칙을 정리하고 넘어가기로 하자. 법칙이란 특정 현상을 설명할 수 있는 검증된 이론이며, 하나의 근본적인 이치나 원리를 다른 분야에 적용할 수 있도록 일반화시킨 설명이다.

사과나무에서 땅으로 사과가 떨어지는 것은 만유인력의 법칙이 작용하기 때문이며, 만유인력의 원리는 모든 사물이 자체의 질량과 비례하여 다른 사물들을 끌어당기는 힘을 가지고 있기 때문이다. 즉 모든 법칙 뒤에는 어떤 원리가 존재하고 있는 것이다.

필자는 이 책에서 자연과학적인 법칙들 외에도 많은 사회과학적인 법칙들을 추려서 나름대로의 해석을 시도해봤다. 물론 기존의 학자들이 해석한 것을 요약해서 정리한 부분도 있다. 사회과학에서 법칙이 필요한 이유는 일단 검증된 것이기에 믿고 따를 수 있기 때문이다.

이 책은 사회, 경제, 과학, 수학 등 다양한 분야의 핵심이 되는 법칙들을 정리했다. 이 책에 나오는 다양한 사고와 나의 생각을 뒤섞어보기 바란다. 그러면 마치 핵분열하듯 머릿속에서 무서운 변화가 일어날 것이다.

이 책에 나오는 법칙들은 대부분 합당한 이야기지만, 성공을 위해서 그 많은 법칙이 모두 필요한 것은 아니다. 아무리 크게 성공한 사람들이라도 불과 몇 가지 이내의 법칙을 신조로 삼았을 뿐이다.

대부분의 법칙은 재미있게 읽으면서 눈에 담고, 중요하다고 생각되는 몇 가지 법칙은 교훈 정도로 머리에 담고, '바로 이거다!'라고 생각되는 한두 가지의 법칙은 가슴에 깊이 새겨 반드시 실천하기를 바란다.

그리고 인생을 살면서 아래와 같은 의문을 품은 사람이라면 특히 일독을 권한다.

'나는 하는 일마다 실패하는데, 왜 저 사람은 하는 일마다 성공할까?'

'이 세상을 살아가면서 영리하고 똑똑한 사람들이 쳐놓은 덫과 함정에 빠지지 않는 지혜를 어디에서 구할까?'

'지금 세상은 어떻게 움직이고, 그런 세상을 지배하는 법칙들은 어떻게 발전되었는가?'

'성공한 사람들이 이미 알고, 남모르게 쓰고 있는 성공 방정식은 무엇일까?'

세상을 살면서 한두 가지의 중요한 법칙이나 철학도 없이 성공한 사례는 별로 보지 못했다. 이 책이 여러분의 성공 방정식에 날개를 달아주는 작은 계기가 될 수 있다면, 글쓴이로서는 영광이 아닐 수 없다. 독자 여러분들의 건투를 빈다.

| **차례** |

하나의 모래알 속에 세상이 들어 있다,
'대칭 구조와 프랙탈'

눈송이는 완벽한 6각형 '대칭 구조'를 하고 있으며, 벌집도 6각형 대칭을 이루고 있다. 이들이 6각형 대칭을 이루는 이유는 '에너지 절약의 법칙' 때문이다.

영국 옥스퍼드 대학의 수학자 마커스 드 사토이 교수는《대칭》에서 자연에서 흔하디 흔한 대칭은 자연이 '에너지를 가장 적게 쓰는 구조'로 진화한 결과라고 풀이한다.

벌들이 꽃의 특정한 대칭과 패턴을 좇아 꿀을 따는 것도, 비눗방울이 가장 대칭적인 구 형태를 띠는 것도, 수많은 동식물이 대칭을 좇아 진화한 것도, 인간의 마음·예술·기술이 대칭을 좋아하는 것도 그런 이유에서 비롯한다는 것이다.

14

벌들이 집을 지을 때는 한정된 공간에서 많은 식구들이 살아야 하기 때문에 몇 가지 원칙이 있다.

① 공간을 절약할 수 있는 구조
② 재료가 적게 들어가는 구조
③ 무엇보다 안정된 구조

둘레가 일정할 때 공간을 최대로 하는 구조는 원이다. 그러나 여러 개의 원을 이어 붙일 경우 원과 원 사이의 공간이 낭비된다. 공간을 절약하기에 좋은 구조는 삼각, 사각, 육각뿐이다. 삼각은 공간에 비해 변의 길이가 길고, 사각형은 일그러지기 쉬운 구조여서 안정성이 떨어진다. 공간과 재료의 절약 그리고 안정성이 가장 뛰어난 구조가 육각이다.

천체들이 모두 구형을 이루고 있는 것도, 타원 궤도를 그리는 것도, 그것이 최소의 에너지로 이룰 수 있는 안정된 구조기 때문이다. 해바라기의 씨앗이 좌우 나선형 대칭으로 빼곡히 배열되어 있는 것은 면적을 최대로 활용하기 위함이다.

고전음악의 아버지 요한 세바스찬 바흐는 개성이 강한 두 개의 패턴을 결합시키는 대위법을 즐겨 쓴 작곡가다. 두 개의 멜로디를 결합하여 후속부가 일정 간격을 두고 선행부를 반복하는가 하면, 이 둘을 위아래 한 옥타브 차이로 대비시키기도 하고 거꾸로 배열하기도 한다. 규칙성과 이의 반복적인 리듬이 아름다움을 창조해내는 것이다.

요즘 활발하게 연구되고 있는 '**프랙탈 이론**' 역시, 무질서한 자연계에서 패턴을 찾으려는 노력이다. 프랙탈이란 작은 조각이 전체와 닮은 구조를 가리키는 말이다. 나무의 가지 하나는 나무 전체의 모습을 축소한 것이고, 전체는 가지 하나를 확대한 모습이다. 유사성, 자기 닮음 현상이다.

매일 바라보는 구름은 우주 탄생 이래 한 번도 똑같은 모습으로 우리에게 나타난 적이 없지만, 그럼에도 우리에게는 아주 친숙하게 느껴진다. 그것은 유사 패턴의 반복이기 때문이다. 프랙탈의 세계는 유클리드 기하학처럼 반듯한 형태는 아니다. 하지만 부분이 유사 반복을 통해 확대되면서 전체를 이루는 규모의 대칭이다.

소립자 세계와 우주 역시 닮은꼴이다. 소립자 세계에서는 원자핵을 중심으로 전자가 돌고 있다. 태양을 중심으로 행성들이 돌고 있는 태양계의 모습과 흡사하다. 은하계와 태풍은 놀랍도록 회오리 모습을 하고 있다.

영국의 수학자 아이언 스튜어트 교수는 《자연 속의 수학적 질서》에서 삼라만상은 유사한 구조와 움직임을 반복하기 때문에 우주는 거대한 닮은꼴이라고 선언하고 있다. 사막의 모래와 바다의 파도가 펼치는 무늬는 놀랍도록 비슷하다. 그는 우주 만물은 서로 비슷한 모양을 반복하는 자기 반복성과 대칭성, 그러면서도 시간이 흐르면서 변하는 역동성을 **세상의 법칙**'이라고 말한다.

불교 경전에서는 이렇게 적고 있다.

"하나의 모래알 속에 삼천 세계가 들어 있다."

인체의 신경계, 혈관, 나무의 뿌리는 아주 무작위적이고 혼돈스러운 모습을 하고 있지만 그 속에는 작은 구조가 유사하게 반복되는 패턴을 가지고 있다. 부분을 확대한 형태가 전체고, 전체를 축소한 형태가 부분이다.

강줄기, 눈송이, 나무와 가지, 나무껍질의 무늬, 구름, 해안선의 구조, 뇌 표면의 주름무늬, 끝없이 이어지는 산맥의 모습, 주식시장의 그래프는 한 부분을 떼어 놓으면 전체와 구분하지 못할 정도로 유사한 모양을 하고 있다. 나무의 큰 뿌리와 작은 뿌리도 놀라울 정도로 닮아 있다.

프랙탈 세계에서 부분과 전체는 규모의 차이가 있을 뿐 유사한 모양을 반복하고 있다. 이는 규모의 대칭 구조다.

무질서에서 질서로,
'자기 조직화 이론'

노벨 화학상 수상자인 러시아 출신의 벨기에 과학자 일리야 프리고진은《혼돈 속의 질서》에서 사회적인 현상은 물론 생명의 탄생까지도 '**자기 조직화 이론**'으로 설명할 수 있다고 주장한다.

그는 점균류 곰팡이들을 관찰하면서 '자기 조직화 이론'을 정립했다. 이들은 영양분이 모자라게 되면 서로 신호를 보내어 수만 마리가 한 곳에 모인다. 그러다 일정 이상의 규모를 갖추면 하나의 유기체가 되어 기어다니면서 영양을 섭취한다. 그후 먹이 환경이 좋아지면 다시 흩어져서, 단세포 생물의 자리로 돌아간다.

일리야 프리고진은 닫힌계에서는 모든 사물에 '**엔트로피** Entropy' 증가의 법칙이 작용하면서 질서에서 무질서로 향하지만, 열린계에서는 반대로 무질서에서 질서를 만들어갈 수 있다고 주장했다. 이때 그 계는 외부의 질서를 흐트러지게 하는 대신 자신의 질서를 구축한다는 것이다.

생명 현상은 전형적인 역엔트로피, 곧 엔트로피를 낮춰 가는 현상이다. 프리고진은 질서를 형성하게 되는 요인으로 '**요동**搖動'을 들었다. 아무리 작은 요동이라도 충분한 시간 동안 반복되면 안정적인 구조가 생겨난다는 것이다.

프리고진은 요동이 질서를 만들어가는 과정을 이렇게 설명하고 있다.

"자연계에서 가장 핵심적인 메커니즘은 요동이다. 생명은 무생명의 요동이며, 파충류는 어류의 요동이고, 조류는 파충류의 요동이고, 인간은 포유류의 요동이다."

여기서 말하는 요동은 외부에서 지속적으로 가해지는 에너지에 의해 일어난다. 어떤 계에 외부에서 가해지는 에너지가 배출되는 에너지보다 더 많으면, 계는 요동하면서 내부 구조가 붕괴되어 비평형 상태가 된다. 가해지는 에너지가 더 많아지면, 계의 내부 구조가 무너지면서 새로운 질서가 나타나게 된다. 그는 이것을 '**소산 구조**'라고 불렀다.

프랑스 물리학자 앙리 베나르의 실험에 의하면 커다란 냄비에 물을 붓고 서서히 열을 가하면 처음에는 바닥의 열이 위로 향한다. 그러다 바닥과 윗부분의 온도가 일정 수준 이상으로 차이가 나면, 열의 흐름은 갑자기 대류로 변하면서 '육각형의 세포' 모양으로 변한다. 이러한 현상을 분기 현상, 가지치기, 창발 현상 혹은 자기 조직화라고 부른다.

요동에 의해 질서가 만들어지는 과정으로 강변의 모래를 보자. 강변의 모래는 강물에서 멀수록 고운 모래가 있다. 그리고 강물에 가까울수록 굵은 모래, 작은 자갈, 큰 자갈의 순서로 질서정연하게 아름다운 물결무늬를 이룬다.

또 강변의 자갈을 들추면 작은 자갈들이 층을 이루고 더 아래로 가면 굵은 모래, 가는 모래, 미세한 모래로 질서정연하게 층을 이룬다. 이는 물결이라는 요동이 만들어낸 질서의 세계다. 사막의 아름다운 물결무늬는 바람의 요동이 만들어낸 자기 조직화다.

건설 현장에서는 모래와 자갈을 많이 필요로 한다. 모래와 자갈은 크기에 따라 용도를 달리한다. 이를 크기대로 분류하는 방법은 없을까?

아주 간단하다. 강변에서 모래와 자갈을 채취한 다음에 트럭에 싣고 건설 현장까지 덜커덩거리면서 달리고 나면, 모래는 아래로 자갈은 위로 크기별로 질서정연하게 나눠진다. 트럭의 덜컹거림이 바로 '요동'이다. 그리하여 한 번 위로 올라온 자갈은 다시는 아래로 내려가지 못한다.

작은 물고기들이 거대한 집단을 만들어 세를 과시하면서 몸집이 큰 것처럼 천적을 속이는 것도 자기 조직화의 일종이다. 가장 대표적이고도 우아한 자기 조직화 과정이 인간의 두뇌다. 인간의 뇌는 수백억 개의 세포로 구성되어 있으며 많은 신경 전달 물질들의 전기, 화학적인 작용에 의해 작동되는 전형적인 카오스다. 이렇게 혼돈된 상태에서 눈부시도록 아름다운 '의식'이 형성된다.

역카오스 현상도 자기 조직화의 일종이다. 무질서에서 질서로 이행되는 과정인 것이다.

빈익빈부익부,
'마태 효과'

'**마태 효과**_{Matthew effect}'는 성경에 나오는 이야기다. 〈마태복음〉에 이런 이야기가 나온다. 한 나라의 왕이 먼 길을 떠나기 전에 3명의 하인에게 각각 은자를 하나씩 나눠주면서 당부했다.

"이 돈으로 장사를 하고, 내가 돌아오면 상황을 보고하거라."

왕이 돌아왔을 때 첫 번째 하인이 말했다.

"주인님이 주신 은자로 장사를 하여 저는 은자 10개를 벌었습니다."

국왕은 그에게 마을 10곳을 상으로 내렸다. 그러자 두 번째 하인이 왕에게 보고했다.

"주인님, 저는 은자 5개를 벌었습니다."

그러자 왕이 그에게 마을 5곳을 상으로 내렸다. 세 번째 하인이 말했다.

"저는 주인님이 주신 은자를 손수건에 잘 싸매 보관했습니다. 혹시라도 잃어버릴까 봐 걱정되어 한 번도 꺼내지 않았습니다."

왕은 세 번째 하인의 은자를 뺏어다가 첫 번째 하인에게 주면서 이렇게 말했다.

"가진 사람은 더 받아서 차고 남을 것이며, 가지지 못한 사람은 가진 것마저 빼앗길 것이다."

이것이 바로 마태 효과며, 뜻은 '빈익빈부익부貧益貧富益富'다. 1960년대 저명한 사회학자 로버트 머튼은 처음으로 빈익빈부익부 현상을 마태 효과로 설명했다. 그는 승자독식의 사회에서 게임의 법칙은 모두 승자가 결정하게 되어 있다고 믿었다.

이런 현상은 현대 사회로 옮겨 오면서 좀 더 심화되고 있다. 지식·정보화 사회로 변하면서 부자와 가난한 자는 물려받는 재산뿐 아니라 교육, 지식, 정보력에서 차이가 나기 때문에 양극화 현상이 더욱 심화된다.

다음으로 경제 위기가 반복되면 가난한 사람들은 생존의 위기에 내몰리지만, 부자들은 오히려 재산을 늘릴 기회가 생긴다는 것이다.

시장에서도 빈익빈부익부 현상은 여전하다. 시장을 선점한 상품이나 기업은 웬만해서는 그 지위를 잃지 않는다. 시장을 선점했기에 유명해지고, 유명하기에 더 많이 팔린다. 더 많이 팔리는 상품이기에 무언가 다를 거라는 믿음이 생겨, 더욱 많이 팔리게 되는 것이 시장의 생리다.

유명세에 있어서도 마찬가지다. 노벨상을 받은 교수와 대학원 조교가 몇 달에 걸쳐 함께 쓴 논문이 유명해지면, 발표한 교수는 더욱 유명해지지만 정작 논문 작성을 도맡았던 대학원생 조교의 이름을 기억하는 사람은 거의 없다.

마태 효과는 언제 어디서나 존재한다. 주목해야 할 점은 인류의 자원 분배에 있어 〈마태복음〉에서 예언했던 빈익빈부익부 현상이 매우 두드러지게 나타나고 있다는 점이다. 부유한 자는 돈, 명예, 지위 할 것 없이 모든 자원을 향유하고 가난한 자는 빈털터리가 된다.

일상생활 속에서도 이러한 예는 비일비재하다. 친구가 많은 사람은 빈번한 교류를 통해 더욱 더 많은 친구를 사귀게 되고, 친구가 없는 사람은 더욱 더 외로워진다. 또 명성이 높은 사람은 얼굴을 드러낼 기회가 많으므로 더욱 더 유명세를 탄다.

얼굴이 예쁜 사람은 사람들에게 주목받고, 매력이 넘치니 쉽게 사람들의 마음을 얻을 수 있어 항상 남보다 더 많은 기회를 얻게 된다. 게다가 배우나 모델처럼 그들만을 위한 기회가 존재하기도 한다. 교육 수준이 높을수록 더 좋은 환경에서 일하거나 생활할 가능성이 많아진다.

돈도 마찬가지다. 투자 수익율이 같다고 할 때 자금이 몇 십 배 많은 사람이, 수익도 몇 십 배로 많이 받기 마련이다. 주식 시장에서도 돈 많은 투자자들은 큰돈을 벌지만, 소액투자자는 피땀 흘려 번 쌈짓돈을 몽땅 날리는 경우가 허다하다. 자본이 풍부한 기업은 각종 마케팅 수단을 동원하여 자사의 상품을 홍보하지만, 영세 기업은 그 틈새에서 현상 유지하기도 벅차다.

따라서 생물의 진화든, 개인의 발전이든, 아니면 국가나 기업의 경쟁에서든 '마태 효과'가 항상 발생함을 알 수 있다.

작은 징조와 큰 재난,
'하인리히 법칙'

"제비가 낮게 날면 비가 온다."

어린 시절에 어른들로부터 자주 듣는 말이다. 제비가 낮게 나는 것은 먹이인 잠자리가 낮게 날기 때문이다. 잠자리가 낮게 나는 것은 공중에 습기가 많아 날개가 젖기 때문이다. 잠자리는 잘 보이지 않지만 제비가 낮게 나는 것은 쉽게 목격할 수 있기 때문에, 제비가 낮게 날면 비가 온다고 한 것이다.

이처럼 세상 모든 것은 징후를 앞세우며 다가온다. 그리고는 흔적을 남기고 사라진다.

2008년 5월 12일, 중국 쓰촨성에서 일어났던 대형 지진의 경우를 보자. 지진은 어느 순간 불쑥 오지 않는다. 여러 가지

징후들과 초기 미진까지 앞세우면서 일어난다. 당시 쓰촨성에서 일어난 지진은 강도 7.8로 이는 30년 만의 대지진이었다.

쓰촨성 지진 역시 발생하기 전에 여러 징조들이 나타났다. 보름 전, 후베이 은스시에 있는 관인탕 저수지에서는 8만 톤 가량의 물이 흔적도 없이 사라지는 기이한 현상이 발생했다. 목격자에 의하면 오전 7시경, 고요하던 저수지의 물이 갑자기 소용돌이치더니 모두 사라졌다고 한다. 이는 저수지 바닥이 갈라지면서 일어나는 전형적인 지진 징후 중 하나다.

진앙지 인근에서는 우물의 수위가 갑자기 높아졌으며, 지진 발생 며칠 전에는 강물의 온도가 뜨거워지는 현상이 나타났다고 한다. 이는 지층에 변화가 생기면서 나타나는 지진의 징조들이다.

또 지진 발생 10여 일 전에 지진운地震雲이 발생하는가 하면 지진 발생 사흘 전에는 이상 징후를 느낀 수십만 마리의 두꺼비가 집단으로 이동하는 현상이 나타났다. 지진운이란 지층 속에 있던 뜨거운 김이 갈라진 틈으로 흘러나와 형성되는 구름을 말한다.

이것을 보고 주민들은 지진의 징조라며 당국에 대책을 요구했다. 하지만 당국에서는 이틀 연속 비가 내리고 수온이 상승했기 때문에, 두꺼비들이 산란과 부화를 위해 이동하는 것이라며 주민들을 안심시켰다. 올림픽을 앞두고 대외 이미지를 의식해서 이를 무시한 것이다. 그러나 이는 곧 대대적인 지진으로 이어졌다.

사회적인 현상들도 마찬가지다. 교통사고가 잦은 곳은 대형사고가 기다리고 있는 것으로 보면 맞다. 몇 가지 잠재적인 징후들이 앞서거니 뒤서거니 하면서 우연처럼 겹쳐지면, 큰 사건으로 이어진다. 한 번의 대형사고가 일어나기 전에 여러 번의 작은 사고가 지나가고, 잠재적인 사고는 더 많이 지나간다는 것이다.

이것을 처음 통계적인 법칙으로 정립한 사람은 하버드 윌리엄 하인리히였다. 미 해군 장교 출신의 하인리히는 보험회사에서 보험감독관으로 산업 재해 관련 일을 하고 있었다. 그는 크고 작은 각종 산업 재해를 보며, 사고들 사이에 어떤 상관관계가 있을지 모른다는 생각이 들었다. 그리고 그에 관한 본격적인 연구에 착수했다.

그는 보험회사에 접수된 5만 건의 사건, 사고에 대한 자료를 분석하여 이들의 통계적인 상관관계를 밝혀냈다.

그에 의하면 한 번의 대형사고, 이를테면 산업 재해로 사망 사고가 발생했다면 그 이전에 동일한 원인으로 인한 부상은

29건, 부상으로까지 이어지지는 않았지만 사고가 날 뻔한 경우는 300건 정도가 발생했다고 한다. 1929년에 발표된 이 논문은 '**하인리히 법칙**'으로 명명되었다.

이를 사회적인 사건, 사고에 적용하면 강력 범죄 사건 하나가 발생할 경우 동일 수법의 경범죄가 29회, 범죄로 이어지지는 않았지만 범죄의 시도가 300건 정도 있다는 것으로 볼 수 있다.

우리나라 교통 관련 연구원에서 발표한 자료도 이와 근사한 수치를 보이고 있다. 교통사고로 사망자가 발생한 장소에서는 그 이전에 35~40회 정도의 가벼운 사고가 있었고, 300여 건 정도의 교통법규 위반 사례가 적발되었다. 가벼운 교통사고나 경미한 접촉사고라도 그것이 자주 발생하는 장소에는 머지않아 대형 교통사고가 기다리고 있다는 것이다.

하인리히는 또 사고로 인한 재해 비용에 대해서도 통계적으로 의미 있는 가설을 내놓았다.

하나의 사고로 인해 재해가 발생할 때, 직접 비용이 하나(1)라면 간접 비용은 넷(4)이라는 것이다. 따라서 재해 비용 전체를 계산하려면 직접적인 손해 비용에다 5를 곱해야 한다. 눈에 보이는 직접적인 손해보다는 보이지 않는 간접적인 손실이 더 크다는 이야기다.

그후 하인리히 법칙은 타이와 피어슨에 의해 훨씬 더 정교하게 분석되었다. 그들이 영국 보험회사의 사건, 사고 100만 건을 분석하여 발표한 결과를 보면 사망사고 1건 뒤에는 중경상 3건, 응급처치 50건, 물손사고 80건, 사고가 날 뻔한 사례가 400건으로 집계되었다.

이 법칙은 자연 현상이나 사회 현상 모두에 공통적으로 적용되는 법칙이다. 어떤 사회적인 큰 사건이 일어날 때에도 어느 날 갑자기 특정 사건이 발생한 것이 아니라, 그 이전에 이를 암시하는 작은 사건들이 잇따라 지나간다는 것이다.

사회 기강이 흐려지면 크고 작은 사건들이 이어지다가 결정적으로 큰 사건이 일어나는 것과 같다. 이것이 하인리히의 법칙이다.

개미구멍이 둑을 무너뜨린다?
'깨진 유리창 법칙'

'하인리히 법칙'을 역으로 적용하자면 대형 교통사고를 예방하는 가장 좋은 방법은 사소한 교통질서부터 철저히 단속하는 것이다. 모든 범죄가 마찬가지다. 사회의 어두운 곳을 없애면 범죄가 설 자리도 점점 더 좁아지는 것이다.

예전에 필리핀의 한 교도소가 세계적인 화제를 낳았다. 이곳은 처음 인터넷을 통해 퍼지다가 급기야 미국의 CNN을 비롯한 세계 주요 매스컴에 소개되었다.

필리핀의 세부 지역에 있는 한 교도소에서는 새로운 소장이 부임하면서부터 체력 단련 시간을 이용하여 춤을 가르치기 시작했다. 다른 교도소들이 규율을 정해놓고 생활을 엄격

31

하게 통제하는 것에 반해 여기서는 죄수들에게 춤을 가르쳤다. 춤출 때 틀어주는 노래도 다양하다. 초기에는 마이클 잭슨의 노래를 많이 틀었으나 이후에는 우리나라 노래가 인기였다고 한다.

교도소의 생활을 그렇게 바꿨더니 오히려 통제도 훨씬 쉬워졌고, 출소자들의 재범률도 현저히 낮아졌다.

미국 스탠퍼드 대학의 심리학과 필립 짐바르도 교수는 흥미 있는 실험을 했다. 낙후된 골목에 상태가 비슷한 자동차 두 대를 세우고 한 대는 보닛을 조금 열어둔 상태로, 다른 한 대는 보닛을 열고 유리창도 조금 깨진 상태로 내버려뒀다.

그리고서 일주일 후에 봤더니, 유리창이 깨진 자동차는 배터리와 타이어를 빼 가고, 사방에 낙서하고, 돌을 던져 거의 고철 상태가 되어 있었다. 두 자동차는 유리창이 조금 깨진 것밖에 다른 점이 없는 데도 그런 차이가 난 것이다.

여기서 '깨진 유리창 법칙'이 나온다. 일단 금이 간 유리창은 전체가 쉽게 망가진다는 이야기다.

뉴욕 경찰은 지하철 범죄로 골머리를 앓고 있었다. 맨해튼 가는 밤에 사람이 다닐 수 없을 정도였다. 뉴욕시 경찰국장은 깨진 유리창 법칙에서 힌트를 얻어 범죄의 심리적 온상이 지하철 낙서라고 판단하고, 그때부터 낙서를 없애기로 마음

먹었다.

그러나 지워도 지워도 다시 낙서하는 바람에 낙서를 완전히 뿌리 뽑기까지는 5년이 걸렸다. 마침내 1989년이 되어 지하철의 낙서를 완전히 지웠다. 그러자 범죄율이 서서히 줄어들다가 1994년에는 절반 가까이 줄어들었고, 중범죄의 경우는 75%가 줄어드는 기적이 일어났다.

도박에서 연승과 연패는 당연하다?
'사후 이론과 대수의 법칙'

   도박을 잘 아는 사람이라면 연승과 연패가 자주 일어난다는 사실은 알고 있다. 하지만 자연과학의 법칙을 무시한 것 같은 연승과 연패가 자신에게 일어났을 때, 사람들은 운의 흐름이 마치 초자연적인 힘에 의해 조정당하고 있는 듯한 착각을 일으킨다.

   '어쨌든 운의 흐름은 존재한다'고 주장하는 사람을 위해 동전을 던져 앞면이면 흰색, 뒷면이면 검은색으로 표시하며 500회 반복한다. 그러면 이론상 확률이 50대 50인 것을 여러 번 반복하면, 필연적으로 연속하여 같은 결과가 나와 어떤 '치우침'이 나타난다. 홀수와 짝수가 5~10회 연속해서 나오는 것은 부지기수고, 어떤 경우에는 짝수와 홀수가 연속해서 10번 이상 나오는 경우도 있다.

결론부터 말하면 이런 연속된 현상의 출현은 발생하지 않는 편이 오히려 이상한 일이며, 50대 50으로 번갈아 나오는 것은 수십 번 시행하더라도 결코 있을 수 없는 일이다. 연승과 연패가 생각보다 빈번하게 일어나는 것처럼 느껴지는 것은 주관자로서 상황 속에 있는 탓이며, 객관적으로는 확률론에 따라서 일어나고 있을 뿐이다.

가령 여기에 1,000명이 있다고 가정하자. 이 1,000명이 상대를 택하여 가위바위보를 하면 반드시 500명이 이길 것이고, 이 500명을 다시 짝을 지어 가위바위보를 시키면 250명이 남는다. 이와 같이 반복하여 항상 이긴 사람끼리 대전하면 최종적으로 1명이 10연승을 거두게 된다.

참고적으로 9연승 시점에서는 2명, 8연승 시점에서는 4명이 남는다. 이들은 객관적으로 반드시 존재하는 연승자다.

그렇지만 9연승과 10연승을 거둔 당사자의 입장에서 보면 과연 어떨까? 이들은 틀림없이 자신들에게 '도저히 일어날 수 없는 일'이 벌어졌다고 생각할 것이다. 주관적으로는 말이다. 패배한 500명 중에서도 누군가는 계속 10연패 할 수도 있다. 그 1명은 일생에 한 번 겪기도 어려운 불운이 한꺼번에 찾아온 것처럼 느껴져, 참담한 기분마저 들 것이다.

주관적으로 '도저히 일어날 수 없다고 여기는 일'이 발생하면, 그것은 자연 법칙을 무시한 느낌을 갖기 마련이다. 따라서 주관적으로 도저히 일어날 수 없는 우연이란 객관적으로는 누구에게나 일어날 수 있는, 그리고 실제로 일어나고 있는 일이라는 결론을 내릴 수 있다.

많은 사람이 저지르는 실수는 있을 법하지 않은 우연히 생겼을 때 그 원인을 찾고, 일정한 인과관계를 멋대로 만들어낸다는 데 있다. '지금 와서 생각해보면 그것이 징조였군'이라든지, '그것 때문에 운이 확 바뀌고 말았다'는 따위의 말을 늘어놓으며 말이다. 이것들을 **사후 이론**이라고 부른다. 사후 이론은 가끔 다음 가설을 세우는 데 유용할 때가 있으나, 대부분은 아무 근거 없는 허튼소리다.

수많은 게임을 하면 연승이나 연패는 피할 수 없다는 사실, 그리고 벌어진 상황에 나중에 이유를 갖다 붙이는 것은 간단하지만 미래의 개별적인 현상에 대해서는 확률적 개연성 이외에는 알 길이 없다는 사실, 이 두 가지는 이제 이해했으리라 생각한다.

이 두 가지를 전제로 운을 이해하는 데 있어서 또 하나 반드시 알아야 할 것이 있다. 그것은 바로 개별 현상이 아닌 다수의 현상인 경우 어느 정도(개별적인 불명확성으로는 상상하기 어려울 정도)까지 예상이 가능하다는 사실이다. 이것을 '**대수의 법칙**'이라고 부른다.

대수의 법칙을 알기 쉽게 요약하면, '충분히 많은 횟수로 시행하면 그 최종 결과의 분포 예상에 대한 정밀도는 개별적일 때 모호하던 예상과는 달리 상당 수준 높아진다'는 것이다. 게다가 이 정밀도는 개별 현상이나 소수 현상일 때보다 믿을 수 없을 만큼 수준이 높다.

예를 들어 여기 A라는 개인이 있는데 그가 앞으로 1년간 교통사고를 당할지, 당하지 않을지는 전혀 예측할 수 없다. 하지만 전체를 대상으로 한다면 비교적 오차가 적은 범위에서 교통사고자의 수를 예상할 수 있다.

또 다른 예로 어떤 투표구의 출구에서 20명의 유권자를 상대로 누구에게 투표했는가를 조사해도 예상 의석수는 그다지 정확하지 않다. 그러나 충분히 많은 숫자의 샘플을 과학적으로 선정하면, 꽤 정확한 최종 결과를 예상할 수 있다.

이와 같이 현상의 발생 횟수 혹은 시행 횟수가 많아지면 많아질수록 점차 작은 오차 범위로 수렴되어 가며, 그 수학적 의미를 정리한 것이 대수의 법칙이다. 부언하자면 이 대수의 법칙은 절대 진리로서 통계학의 전제가 되는 기본 개념이고,

도박의 확률 계산과 예측에는 더욱 잘 들어맞는다.

'충분히 많은 수'가 도대체 어느 정도의 수치를 의미하는가는 예측하고자 하는 내용과 목표에 따라 달라진다. 또한 높은 정확성에 관해서도 '일정한 수준까지'라고밖에 말할 수 없다. 여기에서는 개략적인 개념으로써 대량의 법칙을 이해하면 된다.

대수의 법칙을 토대로 운을 응용하면 개념적으로 이해하기가 한층 용이할 것이다. 가령 주사위 ⑥이 나올 확률은 $\frac{1}{6}$이므로 ⑥이 나오면 건 금액의 열 배를 주는 내기는 확률적으로는 비교적 유리한 내기다. 그러나 단 한 번 혹은 여러 번의 시행으로는 이길지 질지 전혀 알 수가 없다. 하지만 100번이라는 횟수를 전제로 하면 질 가능성은 거의 제로가 되고, 이길 예상 금액까지 퍽 정확하게 맞출 수가 있다.

카지노가 장사가 되는 것은 한 사람 한 사람의 승패는 알 수 없지만 100명, 200명이 모여 내기하는 금액이 커지면 커질수록 예상되는 수익이 어떤 특정 범위에 수렴되어 간다는 사실을 예견할 수 있기 때문이다. 그 근저에는 확률론과 대수의 법칙이 있다.

당신의 성공을 위한 '실천적 교양!'

보이지 않는 것을 보다,
'트리즈'

미국에서 달 탐험 우주선을 개발할 때였다. 과학자들은 우주선 외부를 밝혀 줄 전구 개발에 어려움을 겪고 있었다. 우주선이 착륙할 때의 충격으로 전구의 유리가 번번이 깨졌기 때문이다. 1년을 넘게 끌었지만 이것을 해결할 기미는 보이지 않았다.

NASA 측은 러시아 과학자에게 자문을 구했다. 그랬더니 "유리 전구는 필요 없다."라는 대답이 돌아왔다. 달에는 공기가 없기 때문에 필라멘트가 타지 않으므로 진공으로 된 전구가 필요하지 않다는 설명이었다. 이 문제의 해답을 찾은 방식이 바로 '트리즈' 기법이다.

트리즈TRIZ란 러시아어 'Teoriya Resheniya Izob retate-lskikh Zadatch'의 약자로 구소련의 겐리히 알츠슐러 박사에 의해 제안된 창의적 문제 해결의 방식이다.

알츠슐러 박사는 구소련 타슈켄트에서 태어나 14살이 되던 해에 과산화수소에서 산소를 추출해내는 기술을 개발한 천재 과학자다. 해군 특허 부서에서 근무하면서 여러 특허를 검토하던 중 문제 해결에도 어떤 패턴이 있다는 사실을 깨닫고, 이를 매뉴얼로 만든 것이 트리즈 기법이다.

이것을 완성하기까지 알츠슐러 박사는 17년 동안 20만 건의 특허를 검토한 것으로 알려지고 있다. 특허들의 공통점은 '**모순의 해결**'에 있었다. 기술적인 장벽은 항상 모순을 안고 있더라는 것이다.

예를 들면 자동차 연비를 높이려면 출력 또한 높여야 한다. 이는 에너지를 절약해야 한다는 원칙과는 다시 모순이 된다. 이 모순을 해결하기 위한 방법론이 바로 트리즈다.

1948년에 알츠슐러 박사는 스탈린 정권의 교육 정책, 특히 창의력 교육을 비판하면서 대안으로 자신이 고안한 트리즈 기법을 건의했다. 이것이 스탈린 정권의 눈엣가시가 되어, 그는 25년 형을 선고받고 형무소에 수감되었다. 전화위복이라고 할까? 감옥에는 자신이 만나고 싶었던 사람들을 많이 만날 수 있었다. 학자, 문인, 지식인, 예술가 등이었다.

교도소 안에서 이들과 친분을 나누면서 알츠슐러 박사는 통합적인 사고에 눈을 뜨게 되었다. 이것이 트리즈 기법을 완성하는 데 큰 도움이 되었다고 회고했다. 스탈린 사후에 사면되어 출소했으나 고문의 후유증으로 1998년에 타계했다.

그는 트리즈에서 40가지 문제 해결 유형을 제시하고 있다. 40개 항목 모두가 당면한 문제 해결책으로 제시되지 않고, 40개 항목 중 당면한 문제 해결책에 가장 효과적인 몇 가지 항목을 제시한다. 이 기법을 이용하여 개발된 상품이나 문제가 해결된 사례는 무수히 많다.

가령 건설회사에서 집을 짓는 기초 공사를 할 때 땅에 일정한 쇠말뚝을 세워야 한다. 그런데 겨울철 노면이 얼어붙은 땅에 쇠말뚝이 잘 들어가지 않는다. 그래서 말뚝의 끝을 뾰족하게 했더니 땅에 잘 들어간다. 하지만 끝이 뾰족하면 잘 빠지고 견고하게 고정되지 않는다. 즉 말뚝의 끝이 뭉툭하면 빠지지는 않으나 잘 박히지 않고, 끝이 뾰족하면 잘 박히나 빠지기가 쉬운 모순에 빠진다. 쇠말뚝이 땅에 잘 박히고 잘 빠지지도 않아야 하는데 말이다.

건설회사는 이러한 모순을 어떻게 해결 했을까? 바로 뾰족한 쇠말뚝에 폭약을 넣어 잘 들어가게 한 다음, 땅속에서 폭약으로 말뚝을 폭파해서 끝이 무뎌지게 하여 빠지지 않게 하는 신공법을 개발했다고 한다.

우리나라 기업에 적용된 사례로는 자동차 운반선 개선이었다. 자동차를 외국으로 수출하기 위해서는 자동차를 배에 실어 운반해야 했다. 그런데 파도가 칠 때마다 바닷물이 들어와 배가 전복되기도 하고, 전복되지 않더라도 소금물로 인해 자동차가 부식된다는 문제가 생겼다.

트리지 기법으로 해결한 방법은 갑판에 구멍을 뚫는 것이다. 그러면 갑판에 들어온 물은 배 아래쪽으로 고이게 되고 배의 무게 중심이 아래로 향하면서, 배는 더욱 안전하게 균형을 유지할 수 있다는 것이다.

트리즈 기법에서는 분할Segmentation, 추출·분리Taking out, Separation, 국소품질Local quality, 비대칭Asymmetry 등 40가지의 문제 해결 방식을 제시하고 있다.

예를 들면 비행기는 공기 저항을 줄이기 위해 바퀴가 있으면 안 된다. 하지만 착륙할 때는 바퀴가 있어야 된다. 즉 바퀴가 있어야 되면서도 바퀴가 없어야 된다는 모순에 사로잡히게 된다.

그러나 이러한 모순은 비행기가 날을 때는 바퀴가 동체에 접혀 들어가고, 착륙할 때 바퀴를 꺼낼 수 있는 '접이식 비행기 바퀴'를 만들면서 말끔하게 해결했다. 트리즈의 모순 이론의 적용인 셈이다. 간단한 아이디어지만 이 고정식 바퀴에 대한 생각의 틀이 깨지기까지 20년이 걸렸다. 모순의 덫에서 헤어나지 못했기 때문이다.

우리는 모순은 모순이기 때문에 불가능하다는 생각에서부터 자유로워져야 한다. 모순을 해결하는 쪽으로 무게 중심을 이동시켜 창의적 문제 해결을 위해 획기적인 발상과 결단을 해야 한다. 모순은 모순으로서만 인정하고, 한 번 더 고민해 보자.

중요한 것은 모순에 대한 집착보다 그 모순을 어떠한 창의적 문제 해결 방법을 적용하여 양면성을 다 살릴 수 있느냐에 있다.

협상과 설득의 8할,
'롤플레잉 전술'

협상이 어려운 것은 상대방이 무엇을 생각하는지 모르는 상황에서 제안하고, 밀고 당기기를 계속한다는 것이 매우 힘든 일이기 때문이다. 만약 상대방이 자신의 상황을 쉽게 노출시킨다면, 그는 아마 협상 테이블에 앉아본 경험이 별로 없는 신출내기다.

알면서도 모르는 것이 사람의 마음이지만, 모르면서도 알 수 있는 것이 상대의 심리다. 사람의 심리를 '모르면서도 아는' 하나의 단순한 방법은 상대의 입장이 되어 생각해보는 것이다.

즉 '**롤플레잉**Role playing'해보는 것이다. 롤플레잉이란 상대의 역할이나 입장, 인물의 사고방식, 감정의 움직임 등을 상상하고 자기의 마음으로 시뮬레이션해보는 일이다.

'내가 상대의 입장에 있다면 어떻게 생각할까?'

'무엇이라고 생각할까?'

'어떤 행동을 할까?'

'상대방이 잃는 것과 얻는 것은 무엇일까?'

'상대방이 내게서 얻고자 하는 것은 무엇일까?'

'상대방에게서 내가 얻을 수 있는 것은 무엇일까?'

이런 것들을 예측하는 것이다. 즉 자신이 가상적으로나마 상대방이 되어보는 것이다. 그러면 상대 마음의 움직임도 이해할 수 있다. 또한 상대방의 욕구를 알아냄으로써 어떻게 설득해야 할지 예측할 수 있다.

'이럴 때는 자신에게 다른 사람이 무엇무엇을 해줬으면 하고 바라겠지, 그리고 상대방이 이러이러한 방법으로 나오면 가장 당황스러울 거야.'

이렇게 상상해보는 것이 상대의 심리를 읽는 첫걸음이다. 일단 상대방의 심리 상태를 읽었다면, 그 사람의 마음을 장악하고 자신의 페이스대로 움직이는 것은 그리 어려운 일이 아니다.

사람들은 모두 각자가 개성적인 존재라는 것을 인정하고,

상대방의 입장에 서서 상대방의 사고방식을 이해하도록 해야 한다. 이것은 남을 동정하거나 관대해지고자 하는, 감정을 베푸는 차원의 이야기는 아니다.

상대방과 한몸이 되어 느끼는 공감의 문제다. 상대방의 입장에 서본다는 것은 자기 자신도 객관적으로 관찰할 수 있는 기회가 된다.

미국의 루즈벨트 대통령은 상대가 카우보이거나 경찰일지라도 또는 정치가나 외교관일지라도, 그 어느 누구에 대해서도 그 사람에게 어울리는 화제를 가지고 대한 것으로 유명하다. 그와 만났던 많은 사람들은 자신의 구미에 맞는 화제를 자유자재로 요리하는 루즈벨트의 박식함에 칭찬을 아끼지 않았다.

그러나 그의 박식함은 끊임없는 그의 노력의 결과물이었다. 루즈벨트는 어떤 사람과 만날 예정이 잡히면 사전에 그 사람이 좋아하는 기호품, 취미, 관심사 등에 대한 정보를 가능한 한 많이 수집하여 예비지식을 머릿속에 넣어 뒀다.

사람은 자기가 관심을 가지고 있는 일, 흥미를 느끼고 있는 것을 화제로 삼고 싶어 한다. 그것을 아는 것이 사람의 마음을 파악하는 가장 가까운 길이라는 점을 루즈벨트는 잘 알고 실천했다.

이것은 '자기 자신이 상대방의 입장이 되어 생각해본다'고 하는 일종의 역할 분담(롤플레잉)에서 비롯된 것임에 틀림없다. 설득이나 협상에 있어서 상대가 불만과 불평을 늘어놓았을 때 "정말 당신의 불만이 무엇인지 알았습니다. 제가 당신의 입장이라면 저도 당신처럼 생각했을 겁니다."라는 말이 매우 큰 효과를 발휘하는 것도 롤플레잉의 효과를 알고 이를 실천한 것이기 때문이다.

익명의 속성 VS 호명의 효용,
'몰개성화와 자아 관여의 이론'

영화 〈로미오와 줄리엣〉을 보면, 사람들이 가면을 쓰고 서로 누군지 모르는 채 즐기는 파티 장면이 나온다. 자기 존재를 숨김으로써 파티가 더 즐겁게 느껴지는 것이다. 가면 파티에는 자기 존재를 알리지 않고 욕망을 마음껏 발산하려는 의도가 숨어 있다.

이럴 때 사람은 평소에는 도저히 할 수 없었던 행위를 태연하게 한다. 심리학에서는 이를 '몰개성화沒個性化' 현상이라고 부른다.

사형 방법 가운데 순간적으로 강한 전류를 통하게 해서 감전사시키는 방법이 있다. 이때 사형 집행인에게 눈과 입 부분

만 뚫린 보자기를 뒤집어쓰게 해서 누군지 모르게 하는 것이 보통이다.

그런데 사형 집행인에게 명찰을 달게 했더니 전기 쇼크를 주는 강도가 훨씬 줄어들었다는 실험 보고가 있다. 명찰을 달면 익명성匿名性이 보장되지 않으므로, 냉혹한 인간 속성을 드러내지 못하기 때문이다.

이 실험을 통해 몰개성화의 반대 개념인 '개성화'의 효용도 알 수 있다. 명찰을 다는 것만으로도 사람의 행동이 달라진다. 자기 존재가 상대에게 알려지면 자기 행위에 책임을 져야 하기 때문이다. 교복에 명찰을 달게 하는 것도 이런 효과를 노린 것이다.

병원에서 간호사가 병상에 누워 있는 노인에게 "들려요? 할머니, 약 먹을 시간이에요."라면서, 마치 어린아이를 달래는 투로 말하곤 한다. 간호사의 호의는 잘 알겠지만 할아버지, 할머니라는 익명의 호칭으로 부르기보다는 "○○○씨"라고 이름을 부르는 것이 더 좋지 않을까?

그렇게 하면 '하나의 인간으로서 나를 대하고 있다, 정말로 자신의 일을 생각해준다, 걱정해주고 있다'라고 환자가 느끼게 된다.

'여러 사람 가운데 한 사람에 지나지 않는다'라는 느낌이 들지 않도록 했으면 좋겠다는 말이다. 상대의 이름을 부르는 것은 여럿 가운데 한 명이라는 익명감을 없애고, 상대에 대한 자아 관여 정도를 높이기 위한 매우 간단하면서도 효과가 큰 방법이다.

자신이 다른 사람에게 '어떻게 불렸을 때 상대방에 대한 호의가 생겨날까'를 생각해보면 간단히 이해할 수 있는 일들이다. 상대의 이름을 불러 사람의 마음을 움직이게 하는 심리효과는 '자아 관여의 이론'으로 설명할 수 있다. 고유명사를 말함으로써 자신이 상대방과 매우 밀접하게 관계하고 있다는 것을 강하게 인식시키기 때문이다.

사람을 아는 첫걸음은 그 사람의 이름을 기억하고 부르는 것에서 시작한다. 상대방의 이름을 입에 올리는 것은 분위기를 부드럽게 할 뿐 아니라, 스스로 자신의 딱딱한 태도를 벗어나게 하는 효과도 있다. 다만 처음 만난 자리에서 너무 빈번하게 상대의 이름을 부르면 '친한 척하지만 딴마음이 있는 것처럼 보인다'라는 마이너스 효과가 있다는 사실이 실험을 통해 확인된 바 있다.

또한 이름을 부르는 것만큼 단순 접촉도 호감을 갖게 하는 데 효과가 있는 것으로 실험에서 확인되었다.

한 실험에서 어떤 사람의 얼굴 사진을 피실험자에 따라 각각 1~25회씩 보여줬다. 그다음 사진 속의 인물에 대한 호감도를 조사한 결과, 사진을 자주 접촉할수록 호감도가 높아지는 것으로 나타났다.

에펠탑이 처음 건립되었을 때 파리 시민들은 거친 철골조의 괴물이 아름다운 파리의 경관을 해친다고 생각했지만, 오늘날에는 파리를 상징하는 기념물로 누구나 사랑하고 있다. 이처럼 어떤 사물이나 사람과 그저 단순하게 접촉하는 것만으로도 호감이 증가한다.

보디존이 인간관계를 좌우한다,
'보디존의 법칙'

'**보디존**Body zone'이란 다른 사람의 침입을 저지하는, 몸을 둘러싸고 있는 보이지 않는 공간으로 '자신의 연장'이라고 할 수 있다. 즉 자신이 언제나 가지고 다니는 '세력 공간'이다. 이 보디존은 남성보다 여성이 좁고, 아이보다 어른이 넓으며, 내향적인 사람은 외향적인 사람에 비해 보디존이 넓다.

또한 보디존은 상대와의 관계에 따라 늘어나기도 하고 줄어들기도 한다. 일반적으로 친한 사람에 대한 보디존은 좁아지고, 신경이 쓰이거나 껄끄러운 상대에 대해서는 확대된다. 같은 상대라고 하더라도 이야기 성질에 따라 대인 거리가 달라지기도 한다. 즐거운 화제라면 가까운 거리에서 이야기를 나눌 수 있지만, 거절의 뜻인 'NO'를 표현할 때는 자연히 멀어진다.

사람들은 호감이 가는 사람에게 의식적이든 무의식적이든 가까이 다가가고 싶어 한다. 자리가 고정되어 접근할 수 없으면 눈으로라도 상대를 따라잡으려 한다. 상대도 호감을 가지고 있다면 자주 시선이 마주치게 되는데, 그것은 두 사람 사이의 간격을 좁히려는 신호다. 그러다보니 자기도 모르는 사이에 몸이 점점 상대에게 기운다.

사람과 사람이 가까워지는 가장 좋은 방법은 직접 몸으로 접촉하는 것이다. 손을 잡거나 어깨를 두드리고 포옹함으로써 사랑의 감정을 확인할 수 있다.

상대에게 직접적인 접촉을 허용한다는 것은 강한 호감을 가지고 있음을 나타낸다. 갑자기 포옹하면 처음에는 놀라서 몸을 빼려 하지만, 호감을 느끼게 되면 모르는 체 몸을 맡겨버린다. 반대로 싫어하는 사람과는 최대한 거리를 두려고 한다. 어쩔 수 없이 몸이 닿게 된 상황에서는 어떻게든 몸을 돌려 접촉을 피한다.

미국의 심리학자 페스팅거는 거주지와 친구관계의 성립에 관하여 흥미 있는 조사를 했다. 신학기에 기혼자 학생 아파트에 입주한 학생들을 대상으로 친구관계의 발전을 조사했다.

그 결과, 친구관계의 성립에는 물리적 요인이 큰 비중을 차지한다는 것을 알 수 있었다.

3가지 중요한 요인들은 다음과 같다.

① 거주지 사이의 물리적 거리

② 현관이 향하고 있는 방향

③ 업무로 서로 만날 가능성

이 3가지 요인은 서로 얼마나 자주 얼굴을 마주치느냐 하는 것과 관계가 있다. 즉 친구관계의 성립 조건으로써 대면 빈도가 아주 중요하다는 것이다.

가끔씩 길거리에서 설문지를 들고 접근하는 조사원들과 마주치게 된다. 그런데 생면부지의 사람에게 설문 조사를 한다는 것은 말처럼 쉬운 일이 아니다. 많은 사람이 바쁘다는 핑계로 거절한다.

그런데 이처럼 처음 보는 사람에게 무엇을 부탁할 때 어떻게 부탁하는 것이 효과적인가에 대해 실시한 조사가 있다. 이 조사보고서에 의하면, 가까운 거리(40cm 전후)에서 열심히 부탁하는 편이 조금 떨어진 거리(1m 전후)의 경우보다 설득의 효과는 물론 협력의 정도도 높았다. 1m 정도 떨어진 거리에서는 아무리 열심히 부탁해도 효과가 극히 떨어진다.

협상 테이블에서는 보통 회의 탁자나 테이블에 흩어져 앉는 경우가 많은데, 강하게 설득해야 할 시점이라는 생각이 들 때는 테이블을 지나 가까이 다가가거나 자리에서 불쑥 몸을 일으켜도 좋다.

이 단순한 행동으로도 의자의 등에 기대어 앉아 있는 자세와 비교하면, 1m 가까이 상대의 얼굴에 접근할 수 있어 박력 있는 설득이 가능하다.

왜 항상 짝꿍은 단짝이 될까?
'근접성 효과와 유사성의 법칙'

'근접성 효과'란 가까이 있는 사람부터 친해진다는 이웃사촌 이론이다. 미국의 미시간 대학 학생 기숙사를 무대로 '근접성 효과'를 확인한 실험이 있다. 이 실험은 미국 전역에서 모인, 서로 알지 못하는 학생들이 기숙사에서 어떤 교우관계를 맺는가를 추적해서 조사한 것이다.

대부분의 학생은 먼저 같은 방이나 가까운 방의 사람 등 우선은 지리적으로 가까운 사람부터 친해졌다. 그렇게 해서 차츰 인간관계의 테두리를 넓혀 갔다. 이것이 근접성 효과다.

다음으로는 시간이 지나자 상대방의 태도, 성격, 사고방식 등이 비슷한 사람들끼리 친근감과 호의를 갖게 되더라는 내용이다. 이것을 '**유사성의 법칙**'이라고 부른다.

이는 동양이나 서양 모두가 마찬가지다. 동양에 유유상종 類類相從이 있듯이 서양에는 "깃털이 같은 새끼리 함께 어울린 다Birds of a feather flock together."라는 속담이 있다. 서로 비슷한 사람끼리 어울린다는 의미다.

심리학자들은 가까이 있는 사람이 좋아지는 이유를 다음과 같이 설명한다.

① 가까이 있으면 친숙성이 증가한다. 가까이 살고 있는 사람은 먼 곳에 사는 사람보다 자주 마주치며, 이것 자체가 호감을 증진시킨다.

② 유사성이 강하다. 사람들은 흔히 사회, 경제적으로 비슷한 사람들과 모여 산다. 또한 이러한 지리적 근접성은 사람들의 유사성을 더욱 증가시킨다.

③ 가까이 있는 사람일수록 활용 가능성이 크다. 이웃집 사람은 시간, 거리, 노력 등의 비용을 많이 들이지 않고도 훌륭한 친구가 될 수 있다.

또한 다양한 일을 서로 부탁하거나 함께 즐길 수도 있다. 아이나 집을 대신 봐달라고 부탁하기도 쉽고, 집안의 대소사가 있을 때 항상 어울리게 된다.

④ 인지적 일관성을 가진다. 싫어하는 사람 옆에서 산다는

것은 심리적으로 견디기 힘든 일이다. 되도록 자신이 어울리게 되는, 가까이 살고 있는 사람들을 좋아하려는 심리적 경향이 있다.

인간도 자기와 뭔가 다르면 사람들을 적대시하는 유전적 프로그램을 갖고 있다. 그것이 집단의 응집력과 유대감을 높여 주기 때문이다.

인터넷 동호회에 가보면 같은 취미를 공유한다는 단 한 가지 사실 때문에, 처음 만난 사람들도 십년지기처럼 금방 친해진다. 그러므로 누군가와 좋은 관계를 유지하고 싶다면 취미나 관심사 등 그 사람과의 공통분모를 먼저 찾는 것이 좋다. 이것이 인간관계의 기초다.

성공과 실패를 결정하는 사소한 차이,
'나비 효과'

MIT 대학의 기상학자 에드워드 로렌츠는 천체의 운동까지 정확하게 예측하는 현대 과학이 날씨 하나를 제대로 예측하지 못하는 것에 대해 근본적인 의문을 품기 시작했다.

그는 이 의문에 접근하기 위해 가상 실험을 해봤다. 기상을 좌우하는 변수들을 컴퓨터에 입력한 다음 각 변수마다 초기 조건의 값을 $\frac{1}{1,000}$씩 다르게 입력해봤더니 결과에 있어서 엄청난 차이가 났다. 습도와 바람의 값을 조금씩 높이자, 브라질에서 나비의 날갯짓에 불과하던 바람이 미국 텍사스주에 미칠 무렵에는 토네이도로 변한 것이다.

〈브라질에 있는 나비의 날갯짓이 미국 텍사스주에서 발생

한 토네이도의 원인이 될 수 있는가?〉

로렌츠는 자신의 실험 결과를 위 제목의 논문으로 발표했다. '**나비 효과**'라는 개념은 여기서 나왔다.

나비 효과는 처음에는 날씨와 같은 복잡계를 설명하는 과학 이론이었으나 차츰 경제학, 사회학 등 다양한 요인들에 의해 움직이는 복잡한 사회 현상들을 설명하는 이론으로 광범위하게 쓰이게 되었다.

성공이나 실패도 능력이나 노력에서 별 차이가 나지 않는 경우가 대부분이다. 그러나 아주 사소한 차이가 결과에 있어서는 성공과 실패라는 큰 차이로 나타난다는 것이다.

구소련에서 인류 최초의 유인 우주선 보스토크 1호를 발사할 때의 에피소드다. 인류 최초의 우주인이 되는 영광을 차지하기 위해 많은 사람이 응모했다. 최종 심사에 오른 사람은 모두 19명이었다. 모두가 뛰어난 조건을 갖추고 있어 누가 선발될지 아무도 장담할 수 없는 상황이었다.

마지막 관문은 우주선 탑승 시험, 여기서 아주 작은 차이하나가 그들의 승패를 갈랐다. 다른 후보들이 모두 구두를 신은 채 우주선에 오를 때, 가가린만은 구두를 벗고 우주선에 올랐다. 이것이 심사위원들을 감동시켜 그는 우주인으로 선발되는 영예를 안을 수 있었다.

어느 회사의 신입사원 면접에서 있었던 일이다. 심사위원은 신입사원 면접 장소에 종이 뭉치 하나를 떨어뜨려 놓았다. 응시자들의 반응을 보기 위해서였다. 아무도 줍지 않는 그 종이를 응시자 중 한 명이 집어 들었다. 그러자 심사위원은 종이를 펼쳐 보라고 말했다.

거기에는 이렇게 적혀 있었다.

"입사를 축하합니다!"

그렇게 입사한 그는 몇 년 후에 그 회사의 최고경영자가 되었다.

정말 목소리 큰 사람이 이길까?
'마이너리티 인플런스 현상'

'마이너리티 인플런스'란 '집단이나 조직 가운데 소수파로 존재하면서도 다수의 의견에 굴복하지 않고 자신의 의견을 당당하게 주장하여 다수파에게 영향을 미치는 현상'을 가리키는 말이다.

집단이나 조직에서 전체적인 분위기와 다른 의견을 표출하기란 쉽지 않다. 잘못했다가는 왕따가 되어 모난 돌처럼 정을 맞기 십상이기 때문이다. 그래서 사람들은 다수의 의견이 자신의 의견과 달라도 그냥 넘어가는 경우가 대부분이다. 동양 사회에서는 특히 그러하다.

그러나 이를 반대로 뒤집어보면 겉으로는 찬성하는 것 같지만 내심으로는 반대하는 사람들이 의외로 많다는 것을 의미한다. 이럴 때, 자신의 반대 의견을 당당히 밝히면 그때까지 침묵을 지키던 많은 사람이 여기에 동조하게 된다. 때로는 전체적인 분위기까지 반전시킬 수 있다. 이것을 마이너리티 인플런스라고 한다.

다수의 의견과는 다른 자신의 의견을 논리적으로 당당하게 말하면, 많은 사람이 자신들도 그렇게 말하고 싶었다면서 그의 의견에 동조하기 시작한다는 것이다.

과학사에서는 마이너리티의 의견이 옳은 것으로 판명되는 일이 비일비재하다. 언제나 새로운 학설은 기존의 통설에 밀려 수난을 당해야 했다. 그러나 결국 마이너리티의 의견이 옳은 것으로 판명되었다. 코페르니쿠스가 그러했고, 갈릴레오가 그러했고, 다윈이 그러했다.

마이너리티 인플런스가 새삼 중요시되는 이유는 소수에 속하는 사람들이 자신의 주장을 당당하게 밝히지 못하면 다수의 이름으로 폭거가 자행될 수 있기 때문이다.

중세에 자행되었던 마녀사냥의 경우, 마녀로 지목된 여자가 진짜 마녀라고 믿는 사람이 아무도 없었다는 점에서 다수의 폭거가 얼마나 위험한 것인지 말해준다.

일단 마녀로 지목되면 그 여자는 심한 고문을 당하고 화형에 처해졌다. 여기서 마녀로 지목되는 여자는 마을에서 가장 아름다운 여인인 경우가 많았는데, 여자들의 시기와 질투 때문이었다. 그러나 그 여자가 진정 마녀라고 믿는 사람은 아무도 없었다.

　마이너리티가 자신의 목소리를 내기 위해서는 용기와 당당함도 필요하겠지만 확실한 자신의 논리가 있어야 한다. 그래야만 침묵을 지키던 다수의 지지를 얻을 수 있다.

사자 직원과 토끼 대장,
'피터의 원리'

'**피터의 원리**'는 파킨슨의 법칙과 함께 무능해지기 쉬운 공직 사회의 병리 현상pathology 을 지적하고 있다.

피터는《피터의 원리》에서 조직 내의 모든 사람은 무능한 수준, 즉 자신의 능력으로 감당할 수 없는 자리에 오를 때까지 승진하는 경향이 있다고 지적했다.

피터의 원리는 꽤 과학적인 접근이었다. 피터는 정부, 군대, 산업 조직을 역사적, 과학적으로 분석하여 결국 조직의 높은 자리는 무능력한 사람들로 채워지게 된다고 주장했다.

군대를 예로 보자. 일선 지휘관이 능력을 인정받아 더 높은 자리로 승진했다면 새로이 승진한 직위에서는 군인으로서 그의 자세, 부하 통솔력, 용맹스러움 등이 점점 중요하지 않게 된다.

그보다 더 높은 자리로 승진할 경우에는 약삭빠른 정치인이나 정부 관리들을 다루고, 이해관계자들을 조종하는 일이 주요 업무가 된다. 여기서 원칙에 투철한 군인은 정치인으로서는 무능해지기 쉽다.

맥아더와 아이젠하워를 보자. 맥아더와 아이젠하워 두 사람은 성격도, 스타일도, 걸어간 길도 극적으로 대비되는 군인이었다. 맥아더는 웨스트포인트 미 육군사관학교를 수석으로 졸업하고 50세에 대장으로 승진했다. 이는 미군 역사상 가장 빠른 승진 기록이다. 그만큼 그는 유능한 군인이었다.

반면 아이젠하워는 맥아더보다 12년 후배로 그저 그런 성적으로 미 육군사관학교를 졸업하고 중령 계급장만 16년 동안 달았던 무명의 초급 장교였다.

그러다가 제2차 세계대전이 발발하자 아이크(아이젠하워의 애칭)는 마샬 장군에게 발탁되어 해마다 준장, 소장, 중장, 대장으로 승승장구 진급했다. 그리고 마침내 노르망디 상륙 작전을 성공시켜 영웅이 되어 귀국했다.

두 사람을 비교하자면 맥아더는 장군으로서는 유능했지만 정치적으로 무능했다. 반면 아이크는 초급 장교 시절까지는 그저 그런 군인이었으나 별을 달면서부터 준장, 소장, 중장, 대장, 그리고 대통령까지 한걸음에 내달린 사람이었다.

여기서 관료제의 병폐가 드러난다. 만약 미국의 대통령 선발이 선거가 아닌 관료주의의 특성인 내부 승진 방식으로 이루어졌더라면 연공서열에서 절대적으로 유리한 맥아더가 대통령이 되었을 것이다. 그랬다면 맥아더는 미국 역사상 가장 무능한 대통령이 되었을 것이라는 생각이 학자들의 공통된 견해다.

맥아더가 군사적인 전략밖에 모르는 고집불통이었다면 아이크는 장군이 되면서부터는 조정자로서, 중재자로서 뛰어난 리더십을 발휘했다. 노르망디 상륙작전 당시 아이크의 리더십을 보자.

연합국 사령관인 아이크는 영국의 몽고메리 장군, 미국의 패튼 장군, 영국의 처칠 수상, 프랑스의 드골 대통령 등의 협조가 절실했다. 이들 중 어느 하나라도 협조하지 않으면 노르망디 상륙 작전은 성공할 수 없었다.

그러나 알다시피 앞서 언급한 인사들은 모두 당대 최고의 고집불통들이었다. 각자의 이해관계가 다르고, 색깔이 강한 이들을 다독거려 공통의 분모를 만들어낸 인물이 바로 아이크였다.

이렇듯 지위가 높을수록 전문적인 업무 능력보다는 다양한 이해관계로 얽힌 사람들을 다루고 설득하는 능력이 훨씬 더 중요하다. 이것이 '**공통분모의 법칙**'이다.

맥아더와 아이크, 두 사람에 대한 평가는 뉴욕타임스의 제임스 C. 흄스 기자의 회고록에서 극명하게 나타난다. 그는 어느날 맥아더와는 점심식사를, 아이크와는 저녁식사를 같이할 수 있는 행운을 얻었다.

그는 이렇게 적고 있다.

"맥아더와 식사를 할 때면 그가 얼마나 대단한 사람인가를 알게 되지요. 그러나 아이크와 식사를 함께하면 제가 얼마나 대단한지를 알게 된답니다."

맥아더는 남의 이야기를 듣지 않는 아집의 사나이였지만 아이크는 남의 이야기를 들어주고, 상대를 자기편으로 끌어들이는 재주가 뛰어났던 것이다. 그것이 그가 높은 자리로 승진할수록 능력을 발휘할 수 있는 자산이었다.

조직에 있어서도 하위직은 전문적인 능력이 필요하지만 위로 올라갈수록 전문적인 지식보다는 전체를 보는 안목과 조직 간의 이해관계를 조정할 수 있는 능력이 필요하게 된다.

기술자나 현장 책임자로서 뛰어난 능력을 가진 사람이 승진하여 높은 자리에 오르게 되면, 가장 무능한 결정을 내릴 수 있다는 것이다. 아니면 부하 직원들이 올리는 결재 서류에 사인만 하는 예스맨으로 전락하고 만다. 관료 조직은 그렇게 될 위험이 아주 높다.

그렇게 되는 이유는 통상 자리가 하나 비게 되면 바로 아래의 하위직에서 유능한 사람이 발탁된다. 그 사람이 더 높은 자리에서도 유능한지는 전혀 검증되지 않았기 때문이다. 결국 유능한 중간 관리자가 무능한 부장이 되고 만다. 그리하여 관료 조직은 모두 무능한 사람들로만 채워지기가 쉽다는 것이다.

침묵은 곧 동의다!
'단테의 법칙'

현대 사회의 문제점 중 하나가 선량한 방관자다. 자신과 직접적인 관련이 없는 문제에 대해 관심이 없어 방관하기도 하지만, 잘못 끼어들어 덤터기 쓰는 것이 두렵기 때문이다. 그래서 길거리에서 선량한 시민이 불량배들에게 피해를 당해도 그냥 모른 체하며 지나친다. 성경에도 이에 관한 이야기가 여러 곳에서 발견된다.

야고보서에는 이런 구절이 나온다.

'영혼 없는 몸이 죽은 것 같이 행함이 없는 믿음은 죽은 것이니라.'

또 마태복음에서는 이렇게 적고 있다.

'오직 너희 말은 옳다 옳다, 아니라 아니라 하라. 이에서 지나는 것은 악으로부터 나느니라.'

이렇게 본다면 불의에 대한 침묵은 어느 시대나 문제가 되었던 것 같다. 불의에 대해 비폭력 저항 운동을 벌였던 인도의 간디는 이렇게 말했다.

"비폭력은 악을 행하는 인간의 의지에 얌전하게 복종하는 것이 아니고, 폭력자의 의지에 대해서 온 영혼을 던지는 것이다."

영국의 작가 올리버 골드스미스는 불의에 대한 방관에 "침묵은 동의同意를 뜻한다."라고 말하며 악을 저지르는 사람뿐 아니라, 침묵하는 사람들 모두가 공범이라고 주장했다. 이것을 '골드스미스의 법칙'이라고 한다.

18세기 영국의 철학자 에드먼드 버크는 이렇게 적고 있다.

"악惡의 승리를 위해 필요한 것은 오직 선량한 사람들이 가만히 있어 주는 것이다."

또 미국의 흑인 인권 지도자 마틴 루터 킹 목사도 비슷한 말을 하고 있다.

"악에 항의하지 않는 사람은 악에 협조하는 것이다."

근세기에 들어 선량한 방관자를 미워한 사람 중에는 케네디 대통령을 빼놓을 수 없다.

"지옥에서 가장 뜨거운 자리는 도덕적인 위기에서 중립을 지킨 사람들을 위해 마련된 곳이다."

그는 단테의 《신곡》지옥편에 나오는 이야기를 비유로 들면서 선량한 방관자들이 갈 곳은 바로 뜨거운 지옥불이라고 말했다. 말로만 그렇게 한 것이 아니라, 그는 이것을 행동으로 보여줬다.

일본군이 진주만을 공격하자, 케네디는 해군에 자원해서 입대했다. 그것으로 케네디는 영웅이 되었고, 대통령이 되었다. 지옥에는 도덕적 위기의 시대에 중립을 지키다가 신과 루시퍼(사탄) 모두로부터 버림받은 사람들이 떠돌고 있다는 것이다. 이것을 '**단테의 법칙**'이라고 부른다.

뭉치면 죽고 흩어져야 산다?
'링겔만 효과와 사회적 태만'

1980년대는 일본이 세계 제2의 경제 대국으로 떠오르면서 전성기를 구가하던 시기였다. 그러자 구미 각국에서는 일본을 배우자는 붐이 일었다. 바로 일본의 집단주의 경영 방식을 벤치마킹해보자는 것이었다.

집단주의 경영은 잘만 융합되면 1+1=2가 아니라, 그 이상의 시너지 효과를 낼 수 있을 거라는 가정에서 출발했다. 그러나 개인주의 성향이 강한 서구에 집단 체제를 도입하자, 1.5의 효과밖에 나타나지 않았다. **'마이너스 시너지 효과'**였다.

이의 원인을 찾다가 알아낸 사실은 공동체가 되면 책임도 공동으로 분산되어 아무도 최선을 다하지 않는다는 것이다.

이것을 두고 조직심리학자 라테네, 윌리엄스, 하커스 등은 사회적 태만이라고 이름 지었고 경제학에서는 무임승차 문제로 다루게 되었다.

독일의 심리학자 링겔만은 줄다리기를 통해 집단에 속한 각 개인의 공헌도가 어떻게 변하는지 측정해봤다. 개인이 당길 수 있는 힘의 크기가 100이라고 했을 때 2명, 3명, 8명으로 이루어진 각 그룹은 200, 300, 800의 힘을 발휘할 수 있을 거라고 기대하는 것이 일반적인 상식이다.

그러나 실험 결과에 따르면 2명으로 이루어진 그룹은 잠재적인 기대치의 93%, 3명 그룹은 85%, 8명으로 이루어진 그룹은 49%의 힘밖에 나오지 않았다. 즉 그룹 속에 참여하는 개인의 수가 늘어날수록 인당 공헌도가 오히려 떨어지는 현상이 발생하더라는 것이다.

이러한 현상을 일컬어 '링겔만 효과'라고 한다. 이것은 시너지 효과의 반대말로 마이너스 시너지 효과를 뜻한다. 사회주의가 생산성 부족에 시달리는 것도 바로 이런 연유에서다. 이는 혼자서 일할 때보다 집단 속에서 함께 일할 때, 노력을 덜 기울이기 때문이다.

링겔만 효과는 집단 속에서 개인의 잘잘못이 명확하게 드러나지 않을 때에 주로 나타난다. 자신에게 책임과 권한이 주어지는 업무와는 달리 집단의 이름으로 책임과 권한이 주어지면 개인은 익명성이라는 그늘에 숨어 버리게 된다. 그래서 최선을 다하지 않는다는 것이다.

팀의 규모가 크면 클수록 팀 구성원 개개인에 대한 책임이나 평가가 어려워져 이러한 현상이 나타날 가능성 또한 커진다. 이를 막기 위해서는 집단 전체에 대한 평가는 물론 구성원 개개인의 기여도를 측정할 수 있는 방법을 강구해야 한다. 그리고 팀 전체와 개인의 기여도에 따라 인센티브를 제공하여 참여의 동기도 부여해야 한다.

주식시장이 살아 움직인다고?
'엘리어트의 파동 이론'

피보나치의 수열이 자연의 이치를 수열로 풀어낸 것이라면, 역으로 이 수열 안에서 세상의 이치를 발견하는 것도 가능할 것이다.

피보나치의 수열 3, 5, 8, 13, 21에서 앞 수와 뒤 수의 비율이 0.618이라면 뒤 수와 앞 수의 비율은 황금 비율인 1.618에 수렴한다. 소수점 이하가 다 같이 618로 이어지는 것이 신기하기만 하다.

다양한 변수들이 얽히고설키면서 나타나는 현상을 가장 잘 볼 수 있는 곳은 주식시장이다. 주식시장을 연구한 사람이라면 모두가 한번쯤은 관심을 가졌을 이론이 **'엘리어트의**

파동 이론이다. 이것은 피보나치의 수열을 사회적인 현상에 적용한 것이다.

1930년 미국 R. N. 엘리어트는 《우주의 비밀》이란 책에서 생명체와 자연계의 모든 것은 파동으로 이루어져 있다고 주장했다. 그래서 주식시장도 예외가 아니라며 파동 이론으로 주식시장을 분석했다.

엘리어트는 과거 75년 동안 주가 움직임을 분석한 결과, 인간 심리나 군중 행태를 반영한 증권시장도 자연 법칙에 따라 파동을 그리면서 움직인다고 설명했다.

주식시장의 변화는 상승 5파와 하락 3파로 구성되어 있다. 상승 5파에는 두 번의 조정(하락)파가 숨어 있으며, 하락 3파 역시 한 번의 상승파를 숨기고 있다. 그리고 변화의 폭은 0.618과 0.382를 중심으로 움직인다. 하나의 사이클이 완성되기까지는 대략 3년이 걸린다는 것이 엘리어트의 파동 이론이다.

2, 3, 5는 세상사에 적용할 수 있는 피보나치의 수열이다. 그는 이 이론으로 1987년의 미국 주식시장 폭락을 예견하여 주목받기 시작했다.

자연계의 질서도 이 비율을 중심으로 움직인다. 봄이 오는 것도 겨울에서 곧바로 봄으로 향하는 것이 아니라 5번 또는

8번의 파동을 거친다. 5파라면 3번은 따뜻한 봄기운, 2번은 꽃샘추위가 된다. 그리고 8파라면 5번은 따뜻한 봄기운, 3번은 꽃샘추위가 된다.

제국의 흥망을 사이클 이론으로 설명하는 학자들도 있다. 즉 강대국은 제조업으로 일어서서 무역 대국, 군사 대국을 거쳐 금융 대국에서 끝난다는 이론이다. 산업혁명 이후 자본주의의 종주국으로 유럽의 생산 기지 역할을 하던 영국은 무역, 군사 대국이 되어 해가 지지 않는 제국을 자랑했다. 하지만 제조업이 사라지고 금융만 남으면서 주도권을 미국에 넘기고 말았다.

그렇다면 이번엔 미국이 넘겨줄 차례가 아닐까?

중세의 암흑으로부터 인류를 구한 철학,
'오컴의 면도날 법칙'

중세의 서양은 모든 학문과 철학이 신학의 시녀였던 암울한 시기였다. 그런 시기에 신학으로부터 철학을 구해내고, 신앙으로부터 이성을 탈출시키려 했던 철학자가 영국의 윌리엄 오컴이었다.

오컴은 프란체스코 수도회에서 논리학을 공부했고 옥스퍼드 대학에서 신학을 공부했다. 초기에 그는 아리스토텔레스의 철학을 사유의 출발점으로 삼았으나, 치열한 논리적 사유를 통해 아리스토텔레스의 철학과는 다른 결론에 이르렀다.

중세의 신학인 스콜라 철학이 신이나 이데아 같은 '보편자'가 실제로 존재한다는 '실재론'을 주장한 것에 비해, 오컴은 그것은 사람들이 붙인 이름일 뿐이라며 '**유명론**'을 들고 나왔다. 유명론에서 그는 스콜라 철학에서 주장하는 보편자는 인간의 머릿속에서만 존재하는 인간이 붙인 이름일 뿐이고, 사변에 의해 쌓아 올린 스콜라 철학은 허구라며 공격했다.

오컴은 진리와 사변을 구분하는 기준으로 단순함의 법칙을 들고 나왔다. 그에 의하면 세상의 진리는 복잡하지 않다. 장황한 설명이나 여러 개의 가설과 가정이 있어야만 설명이 가능한 것은 진리가 아니다. 그는 진리에 접근하기 위해서는 불필요한 가정이나 전제들을 모두 잘라 버리고, 단순함의 잣대로 사물의 핵심만 봐야 한다고 주장했다.

그런 그가 볼 때 이런저런 가설과 구차한 전제를 붙여야만 설명이 가능한 이데아나 이데아 대신 신을 그 자리에 앉힌 스토아 철학, 곧 중세 신학은 군더더기 같은 것들이었다. 이를 위해 그는 스콜라 철학의 창시자인 토마스 아퀴나스나 스승이었던 스코터스를 비판하는 것도 서슴지 않았다.

그의 명쾌한 이론에 중세 기독교 철학이 수호해왔던 수많은 진리와 가치들이 잘려 나갔다. 그래서 그의 철학을 '**오컴의 면도날 법칙**'이라고 부르게 되었다.

오컴에 의하면 진리는 단순해야 하며, 동일한 현상을 설명할 때 두 개의 서로 상반되는 주장이 맞선다면, 그중 더 단순하게 설명할 수 있는 것이 진리다. 예를 들어 신학은 성경 하나로 충분하다. 그렇다면 중세 교황들이 남긴 수많은 메시지까지 성서적으로 해석해야 할 이유가 없다.

그의 이러한 사상은 후일 루터에게 큰 영향을 주어 종교개혁을 이끌었으며, 데카르트나 데이비드 흄과 같은 경험주의 철학에 길을 열어줬고, 코페르니쿠스와 갈릴레오에게 근세 과학의 지평을 열 수 있도록 결정적인 영감을 줬다.

그래서 오컴의 철학을 중세의 암흑으로부터 인류를 구한 철학이라고 부르는 것이다.

풍요 속의 빈곤,
'변증법의 법칙'

독일 철학자 헤겔이 제창한 변증법은 그 자체가 진리가 아
니라 진리를 추구하기 위한 도구적 성격을 가지고 있는 법칙
이다.

헤겔은 다른 철학자들과는 달리 역사를 중요하게 생각했
다. 헤겔 철학의 기본 원리는 간단하다. 헤겔의 주장은 '역사
란 절대정신(주관과 객관을 동일화하여 완전한 자기 인식에 도달
한 정신)의 자기실현 과정'이라는 말로 요약할 수 있다.

처음 왕조가 일어설 때는 구왕조의 모순을 해결하겠다는
명분으로 일어선다. 그러나 시간이 지나면 조금 형태를 달리
하는 새로운 모순을 표출하게 된다. 그러다가 그 모순이 감

내할 수 없을 정도로 심화되면 새로운 왕조로 이행하게 된다는 것이다. 그리하여 서서히 절대정신으로 접근해간다.

역사가 변하는 것과 같이 사람의 생각이나 사상도 변한다는 것이 그의 근본적인 철학이었다.

헤겔은 사유思惟의 변화 과정을 변증법이라는 도식으로 설명하고 있다. 여기에 한 시대를 구명할 수 있는 이론이 등장했다고 하자. 이것이 테제Theses다. 그러나 어떠한 철학이나 사상도 절대적인 것은 없다. 시간이 지나면 스스로에 내재되었던 모순이 표출되고, 이것이 비주류인 논제 안티테제Antithese로 등장한다. 그래서 이 둘은 당분간 서로 대립하게 된다. 다시 시간이 흐르면 이 둘의 갈등을 통합하는 새로운 합인 신테제Synthese가 새로운 주류로 등장한다는 것이다.

처음 하나의 관념이나 사상이 형성되어 성장하는 단계가 정正의 단계다. 이 단계에도 이미 모순은 내포되어 있으나 밖으로 표출되지는 않는다. 그러다가 좀 더 성숙해지면 밖으로 모순이 드러나면서 반反의 단계가 형성된다. 정과 반이 갈등을 빚으면서 정의 요소와 반의 모순이 함께 살아나는 새로운 합合으로 이행되는 것이다. 이른바 '정반합正反合 이론'이다.

후일 공산주의 이론의 창시자 칼 마르크스는 헤겔의 변증법과 유물론을 결합하여 유물사관을 만들었다.

그에 의하면 자본주의는 역사상 그 어떤 계급보다 뛰어난 생산성을 자랑하고 있지만, 빈부의 격차라는 모순을 태생적으로 안고 있다. 그리하여 자본주의가 성숙하면 이 모순이 밖으로 표출되어, 결국 사회주의로 나아가리라는 예언이었다. 그러나 그의 예언과는 달리 사회주의가 먼저 붕괴되고 말았다.

자본주의가 빈부 격차라는 모순을 내포하고 있다면, 공산주의는 생산성 부족이라는 모순을 내포하고 있다. 사회주의의 붕괴는 그 두 개의 모순 중 생산성의 부족이 인류에게는 좀 더 치명적인 모순이라는 의미로 해석될 수 있을 것이다.

마야 문명이 사라진 원인은?
'도전과 응전의 법칙'

영국인들은 청어를 아주 좋아했다. 하지만 청어가 잡히는 곳은 북해나 베링 해협 같은 먼 바다였기에 싱싱한 청어를 먹기가 쉽지 않았다. 배에 싣고 오는 동안에 대부분 죽기 때문이다.

그런데 언제부턴가 살아 있는 청어가 런던 수산시장에 대량으로 공급되기 시작했다. 그 비결은 청어를 운반해오는 수조에 청어의 천적인 물메기 몇 마리를 함께 넣는 것이다. 천적에게 잡히지 않으려는 노력이 청어를 살아 있게 하는 원동력이 된 것이다.

영국의 역사학자 토인비는 저술과 강연에서 청어 이야기를 자주 인용했다. 자신의 역사 이론인 '도전과 응전의 법칙'을 비유적으로 설명하기에 적합한 소재였기 때문이다.

토인비는 불멸의 저작 《역사연구》에서 인류의 역사를 도전과 응전의 과정으로 보고 있다. 외부의 도전에 효과적으로 응전했던 민족이나 문명은 살아남았지만, 그렇지 못한 문명은 소멸했다. 또 도전이 없었던 민족이나 문명도 무사안일에 빠져 사라지고 말았다.

토인비는 20년 동안 26개의 문명권이 등장하고 쇠락하는 과정을 추적하면서 도전과 응전에 매달렸다. 토인비는 문명을 일으킨 자연환경은 안락한 환경이 아니라 대부분 가혹한 환경이었다고 말한다. 자연조건이 지나치게 좋은 환경에서는 오히려 문명이 나타나지 않았다. 고대 문명과 세계 3대 종교의 발상지가 모두 척박한 땅이었다는 것이 이를 증명한다.

토인비는 가혹한 환경에 성공적으로 응전한 사례로 이집트 문명, 수메르 문명, 미노스 문명, 인도 문명, 안데스 문명, 중국 문명 등을 들고 있다.

이집트 문명을 일으킨 민족은 원래 아프리카 북부 지역에서 수렵생활을 하며 살고 있었다. 지금부터 5~6천 년 전 아프리카 북부를 걸치고 있던 강우전선降雨前線이 북유럽 쪽으로 차츰 이동했다. 그러자 아프리카 북부와 남아시아 지역은 빠르게 건조, 사막 지대로 변해갔다.

이들은 이론상 3가지 선택을 할 수 있었다. 그곳에 남아 기존의 수렵생활을 영위하면서 연명하거나, 그 자리에 남아 있으되 수렵생활 대신 유목이나 농경생활로 살아가는 방식을 바꾸거나, 거주 지역과 생활 방식을 모두 바꾸거나, 셋 중 하나였다. 그리고 세 가지 응전 중 어느 것을 택했느냐에 따라서 이들의 운명이 갈렸다.

그 자리에 남아 조상들의 방식대로 수렵생활을 계속했던 부족은 오래 가지 못하고 사라졌으며, 생활 방식을 바꾼 부족은 지금 아프리카 스텝 지역의 유목민이 되었고, 나일 강변 밀림 지역으로 옮겨 농경과 목축을 선택한 부족들은 마침내 찬란한 이집트 문명과 수메르 문명을 일궜다.

나일 강변은 수량이 풍부하고 땅이 비옥해서 농사짓기에는 적합했지만 해마다 반복되는 나일강의 범람은 또 다른 도전이었다. 그러나 그런 도전이 있었기에 이집트 문명이 가능했다.

해마다 반복되는 범람 시기를 예측하기 위해 천문학과 태양력이 발달했고, 범람 후의 경지 측정을 위해 기하학이 발달했다. 범람을 막기 위해 대대적인 제방 공사를 하는 과정에서 도르레와 수레가 발명되었다. 그리고 이것은 피라미드를 건설하는 기반 기술이 되었다.

고대 중국 문명을 보자. 중국에는 양쯔강과 황허강, 이렇게 두 개의 큰 강이 대륙을 가로지르고 있다. 양쯔강 유역은 기후가 따뜻한데다 강물의 흐름도 완만하고 농토가 비옥하여 농사짓기에 안성맞춤이었다. 그러나 쿤룬산맥에서 발원하여 발해만으로 흐르는 황허강은 혹독한 추위로 겨울이면 얼어붙어 배가 다닐 수 없었다. 더구나 해마다 범람을 반복하여 많은 생명과 재산을 앗아갔다.

그러나 고대 문명을 일으킨 지역은 양쯔강이 아니라 바로 험난한 황허 강변이었다.

토인비는 외부의 도전이 없어 스스로 사라져 버린 문명으로 고대의 마야 문명을 들고 있다. 고대 마야는 기원전부터 중앙아메리카를 중심으로 화려한 꽃을 피우던 문명이었다. 학계에서는 수학, 천문학이 발달했고 웅장하면서도 화려한 건축물을 남긴 이들이 AD 900년경에 갑작스레 사라진 이유를 두고 공룡의 멸종만큼이나 의견이 분분하다.

하나 분명한 것은 이들에게는 외부의 적이 없었다는 점이다. 그렇게 태평성대를 누리다가 시련이 닥치자, 갑자기 사라진 것이다.

반대로 가혹한 시련을 이겨낸 민족은 더 강하게 일어선다.

세계에서 가장 혹독한 수난을 받은 민족으로 유대 민족이 꼽힌다. 그들은 2천 년 동안 나라 없이 세계를 떠돌며 박해를 받았다. 기독교 세계였던 중세 유럽에서 유대인들은 예수를 죽인 민족이라 하여 가혹한 핍박을 받았다. 제2차 세계대전 기간에는 히틀러에게 6백만 명의 유대인들이 학살당했다.

유대인들은 제1·2차 세계대전 후 미국으로 가 월가를 중심으로 금융업을 일궜고, 현재는 실질적으로 미국을 움직이고 있다. 그처럼 가혹한 시련을 이겨냈기에 그들은 세계 인구의 0.3%에 불과하지만 노벨상 수상자의 30%를 배출할 수 있었다. 노벨 경제학상만 보면 60%가 유대인들이다. 이것이 도전과 응전의 법칙이다.

엘리트 VS 집단 지성,
'1:99의 법칙'

'한 사람의 영웅이냐, 99명의 민초들이냐.'

이 논쟁만큼 뜨거웠던 주제도 없다. 19세기 영국의 역사가 칼라일은 《영웅 숭배론》에서 "역사, 즉 인간이 이 세상에서 이룩한 것은 근본적으로 이 땅에서 활동했던 영웅들의 역사다. 세계 역사는 위인들의 전기에 지나지 않는다."라고 적고 있다. 정치, 군사, 과학, 예술 등 어느 분야든 역사는 위대한 인물들에 의해 새로운 장을 열었다는 이야기다.

1%의 천재를 지지하는 사람들은 서슴없이 갈릴레오, 뉴턴, 에디슨, 아인슈타인 등 과학사에 길이 빛날 이름들을 든다. 만약 갈릴레오가 지동설을 주장했을 당시에 '지구가 태양의

둘레를 도느냐, 태양이 지구의 둘레를 도느냐' 하는 문제를 놓고 다중의 의견을 물어서 결정했더라면 당연히 태양이 지구의 둘레를 돌고 있어야 했다.

공기보다 무거운 물체가 공중에 뜰 수 없다는 것이 당시 과학자들의 공통된 의견이었고, 일부 과학자들은 공기보다 무거운 물체가 하늘을 날 수 없다고 증명까지 해보였다. 그러나 비행기는 날았다. 모든 사람이 수증기로 거대한 기관차를 움직이는 것이 불가능하다고 단언했지만 기관차는 힘차게 달렸다.

결국 1%의 천재가 옳았던 것이다. 그들이 아니었다면 인류는 지금도 암흑 속에서 살고 있을 거라는 주장이다.

정치가, 철학자들 중에는 대중을 우매한 집단으로 비하한 사람들이 많다. 히틀러는 어리석은 대중을 자신의 정치적 목적 달성을 위한 수단쯤으로 봤다.

초인주의자였던 철학자 니체는 "광기 어린 개인은 드물지만 집단은 언제든 그렇게 변할 수 있다."라고 말했다. 집단이 되면 개인의 이름이 매몰되기 때문에 이성보다는 감성의 지배를 받으며, 주장이 과격해지고, 비도덕적으로 돌변할 가능성이 훨씬 더 높아진다는 이야기다.

군중 심리가 바로 그러하다. 사회학자 구스타프 르봉도 인간은 집단을 이루면 모두가 어리석어진다고 주장하면서 집단은 언제나 소수 엘리트보다 열등하다고 봤다.

여기에 우생학도 한몫을 하게 된다. 우생학의 창시자로 알려진 영국의 프랜시스 골턴은 우량 인자들 간의 교배로 동식물의 품종을 개량할 수 있듯이, 인간도 같은 방법으로 얼마든지 우수한 인종을 만들어낼 수 있다고 주장했다.

《종의 기원》을 쓴 찰스 다윈의 사촌이기도 했던 골턴은 자신의 가문에서 훌륭한 인재들이 많이 배출되는 이유를 우생학이라는 개념에서 찾았다. 우생학이란 다름 아닌 '좋은 집안 출신Good in birth'을 의미하는 것이었다.

이 논의를 확장하면 우생학에는 사회 전체를 위해서는 열등 인간은 도태시켜도 좋다는 극단주의가 도사리고 있다. 이것이 후일 나치 독일에서 유대인과 동구 유럽인들을 정치적으로 핍박하고 흑인이나 소수 민족을 차별하는 근거가 되었다.

1%를 옹호하는 사람들의 주장은 20세기에 접어들면서 심각한 위기를 맞았다. 20세기 전반을 휩쓸었던 나치와 파시스트의 폭거를 경험한 인류는 집단의 운명을 광기 어린 한 사람의 손에 맡길 수 없다는 의식이 팽배했던 것이다.

이것은 곧 민주주의라는 정치 형태에 힘을 실어 줬다. 민주주의란 대중이 자신들의 운명을 스스로 결정한다는 사상으로, 그것이 최선의 결정은 아닐지라도 최악의 결정은 막을 수 있다는 가정을 바탕으로 하고 있다.

민주주의에서 정치적인 문제는 대중에 의해 결정되었지만, 경제적인 문제는 여전히 소수의 자본가들에 의해 결정되었다. 그러다가 소수 엘리트들에 의해 움직이는 자본주의가 불황이나 빈부 격차와 같은 모순을 더해가자, 이에 대한 반발로 사회주의가 나타났다.

사회주의가 등장하자, 이제 사상은 '대중은 항상 옳다'는 극단주의로 흐르기 시작했다. 사회주의가 맹위를 떨치던 시기에는 대중을 대표하는 노동자의 이름으로 하지 못할 일이 없었다. 스탈린 치하의 구소련이 그러했다.

1990년대에 접어들어 동구 공산권이 몰락하면서 집단 우위론은 위기를 맞았다. 인간의 탐욕에 기초한 자본주의가 부의 불평등을 낳았다면 민중이 주최가 되어, 민중의 평등사상에 기초한 사회주의 이론은 역설적이게도 생산성 부족으로 주저앉고 만 것이다.

그러다가 인터넷 시대를 맞아 다시 집단 우위론이 고개를 들고 있다. 미국의 경영학자이며 칼럼니스트인 제임스 서로위키는 이런 집단의 지적 능력을 '**대중의 지혜**'라고 명명하면서 소수 엘리트주의자들에 대해 날카로운 비판의 칼날을 세웠다. 다중이 모이면 소수의 엘리트를 능가한다는 주장이었다.

예를 들면 누구나 자유롭게 집필에 참여할 수 있는 인터넷 백과사전 위키피디아www.wikipedia.org 는 출현한 지 불과 2년 만에 240년의 역사를 자랑하는 브리태니커 백과사전을 추월했다. 1%의 우위를 상징하는 비즈니스 모델이 빌 게이츠의 마이크로소프트라면 집단 우위를 상징하는 비즈니스 모델은 구글이나 위키피디아다.

그러나 이것으로 이 논쟁이 끝날 것 같지는 않다. 아무리 많은 사람이 모여도 한 명의 레오나르도 다빈치, 한 명의 아인슈타인은 나오지 않는다는 주장도 여전히 수그러들지 않고 있기 때문이다.

세상을 바꾼 우연들,
'세렌디피티 법칙'

독일 괴팅겐 대학의 물리학자이자, 철학자인 게오르크 크리스토프 리히텐베르크는 발견과 발명에 대해 이렇게 말하고 있다.

"모든 발견은 우연에 속한다. 결과에 얼마나 가까이 있느냐, 멀리 있느냐의 차이가 있을 뿐이다. 그렇지 않다면 과학자들은 편지를 쓰듯 발견이나 발명을 할 수 있을 것이다."

노벨의 다이너마이트는 실수로 발명되었고 뢴트겐의 X선, 플레밍의 페니실린, 제너의 종두 모두 우연에서 얻어진 결과들이었다. 억세게 운이 좋았던 발견은 벤젠의 분자 구조였다. 독일 화학자 케쿨레는 꿈속에서 뱀들이 꼬리에 꼬리를 물고

빙글빙글 돌고 있는 것을 보고는 깜짝 놀라 잠에서 깨어났다. 예사롭지 않은 꿈이라고 생각하면서 꿈에 본 뱀들의 모습을 종이 위에 그려 봤더니, 그것은 바로 자신이 그토록 찾던 벤젠의 분자 구조였다.

이것을 어떻게 설명해야 할까. 단순한 우연이라기에는 어딘가 석연치 않은 구석이 있다. 또 같은 꿈을 꿨더라도 다른 사람이었으면 그야말로 '개꿈'으로 치부해 버렸을 것이다. 오랫동안 벤젠의 분자 구조를 구명하기 위해 노력했던 케쿨레였기에, 그 의미를 알아차릴 수 있었던 것이다. 그 우연은 단순한 우연이나 신의 은총이 아니라, 99번의 실패를 딛고서야 한 번 찾아오는 영감에 의한 우연이었다.

영국의 작가 호레이스 월폴은 이것을 '**준비된 우연의 법칙**' 혹은 '**세렌디피티 법칙**'이라고 불렀다. 《세렌디프의 세 왕자》라는 동화책에서 인도의 왕자들은 전설의 보물을 찾아 떠난다. 비록 보물을 찾지는 못하지만 대신 잇따르는 우연으로 인생을 훌륭하게 살아갈 수 있는 지혜와 용기를 얻는다. 여기서 준비된 우연을 뜻하는 세렌디피티 법칙이라는 말이 생겨났다.

전자레인지의 발명에 얽힌 이야기를 보자.

가난한 청년 퍼니 스텐서는 초등학교밖에 나오지 못하고

철공소에서 일했다. 어느날 그는 이상한 점을 발견했다. 작업장 주변에서는 사탕이 녹아내리고, 계란이 익는가 하면, 옥수수가 튀겨져 있더라는 것이다. 열과는 상관없이 말이다.

기이한 이 현상을 연구한 끝에 그는 철공소에서 사용하는 고주파가 원인이라는 것을 밝혀내고, 이것을 이용한 조리 기구를 만들었다. 이것이 오늘날 가정집에서 흔히 볼 수 있는 전자레인지다. 그는 이 특허로 많은 돈을 벌었다.

헤르만 헤세의 성장 소설 《데미안》에는 이러한 말이 나온다.

"우연이란 원래 없는 것이다. 간절히 소망했던 사람이 그것을 발견했다면 그것은 우연히 이루어진 것이 아니라 자기 자신이, 자기 자신의 소망과 필연이 가져온 것이다."

눈에는 눈, 이에는 이!
'탈리오의 법칙'

지금 세계의 화약고가 되어 있는 중동 전쟁은 유대 민족과 아랍 민족의 긴 역사를 알지 못하면 이해하기가 힘들다. 원래 이 두 민족은 노아의 장남 셈을 조상으로 하는 같은 셈족이 었으나 아브라함의 아들 이스마엘과 이삭에서부터 갈라서 게 되었다.

아브라함은 자식이 없어 여종의 몸에서 아들 이스마엘을 얻었다. 그러나 후에 본처의 몸에서 다시 아들 이삭을 얻었 다. 두 아들 중에서 누가 아브라함의 대를 이어야 하느냐 하 는 문제로, 두 이복동생이 다투다가 갈라서게 된 것이다. 형 이 우선이냐 본처 자식이 우선이냐 하는 문제였다. 그후 이스마엘의 후손은 아랍 민족이 되었고, 이삭의 후손은 유대 민족이 되었다.

기원전 팔레스타인 땅에 나라를 세웠던 유대 민족은 로마에 망한 뒤, 유랑 민족이 되어 세계를 떠돌았다. 후에 이들이 버린 땅 팔레스타인은 아랍이 차지하여 이슬람의 성지가 되었다. 한편 세계를 떠돌던 유대인들에게 가나안 동산으로 돌아가자는 '시오니즘 운동'이 일어났다.

제1차 세계대전 중 영국은 전쟁 수행을 위해 유대, 아랍 양측에 협력을 요청하면서 양측 모두에게 팔레스타인 땅을 주겠다고 약속했다. 그리고 이것이 불씨가 되었다.

제1차 세계대전이 끝나고 국가 재건을 약속받은 유대인이 팔레스타인에 이주해 오면서 이곳에 정착하고 있던 아랍인과 충돌이 일어났다. 이것이 2024년 이스라엘-하마스 전쟁으로까지 이어지고 있다. 이 전쟁은 1973년 제4차 중동 전쟁 이후 역대 최대 규모의 충돌로서, 전쟁 초기 사망자의 수가 제4차 중동 전쟁의 사망자를 넘어서는 대규모 전쟁이다.

이스라엘, 아랍 모두 '동해보복의 원칙'을 신봉하고 있는 민족이라, 이 싸움은 끝날 기미가 보이지 않는다. 동해보복이란 받은 대로 갚는다는 철저한 응징이 핵심 내용이다. 이들의 옛 나라였던 고대 바빌로니아의 함무라비 왕에서 비롯되었다.

함무라비 법전 제1조에는 '눈에는 눈으로, 이에는 이로……'로 시작되는 동해보복의 원칙이 명시되어 있다. 이 구절은 구약성서에도 3번 등장한다.

이것이 렉스 탈리오니스로 불리는 동해보복의 법칙이다. 탈리오의 법칙으로 불리기도 한다.

2001년에 미 국방성을 공격한 테러 역시 이스라엘을 지지하는 미국에 대한 보복이었다. 다시 미국이 9.11 테러를 자행한 아프가니스탄의 탈레반 정권을 무너뜨리기 위해 벌인 것이 아프가니스탄 전쟁이다.

현대사를 올바르게 이해하려면 이스라엘과 아랍, 이 두 민족의 역사와 종교 그리고 구원을 알아야 할 것이다.

미래를 예측하라!
'시나리오 기법'

인류는 늘 미래에 대해 궁금해했다. 미래는 가능성과 영향력에 따라 대략 3가지로 분류한다. 우선 특별한 일이 일어나지 않는 한 확률적인 가능성이 가장 높은 미래를 '**확률적인 미래**Probable future'라고 한다. 다음으로 일어날 확률은 낮지만 특정 조건이 충족된다면 다가올 수 있는 미래다. 이것을 '**가능성이 있는 미래**Possible future'라고 부른다. 마지막으로 일어날 가능성은 낮지만 일단 발생하면 영향력이 큰 미래다. 이를 '**와일드 카드형 미래**Wildcards future'라고 부른다.

미래를 예측하는 방법도 여러 가지가 있다. 중요한 몇 가지를 보자.

101

- **스캐닝 기법** : 신문, 잡지, 웹사이트, 방송 등에서 미래의 징후를 읽는 방법이다. 주로 변화에 초점을 둔다. 트렌드 분석도 이와 유사한 방법이다.
- **시나리오 기법** : 군에서 개발된 방법을 기업 경영에 도입한 기법이다. 적의 예상 행동을 가정한 다음, 이에 대한 대응책을 시나리오 형식으로 전개해나가는 방식이다.
- **델파이 기법** : 반복되는 설문으로 전문가들의 의견을 수렴해가는 기법이다.

그 외 브레인스토밍, 모의실험 등의 방법이 있다. 이들 중에서 최근에 가장 중요시되는 기법이 '시나리오 기법'과 '델파이 기법'이다.

시나리오 기법은 현재의 상황 분석을 바탕으로 앞으로 전개될 미래의 모습을 몇 개의 시나리오로 만들어, 이에 대한 대비책을 만들어가는 방식이다.

석유회사 쉘의 시나리오 기법을 보자. 쉘은 시나리오 기법으로 에너지 위기를 정확하게 예측하여 세계 석유업계 랭킹 7위권 기업에서 2위권으로 퀀텀 점프(대도약 혹은 비약적인 발전)를 기록한 기업이다.

1960년대 후반, 미국이 호황으로 흥청거리고 세계 경제가 성장기에 있었을 때, 대부분의 기업은 달콤한 현실에 안주하고 있었다.

그러나 경제 위기는 언제라도 올 수 있는 법이다. 쉘은 75년 이상 생존한 기업 30개를 선정하여 분석했다. 그 결과 장수 기업들은 재난을 정확하게 예측했거나 정확하지는 않아도 재난이 올 것을 감지하고, 이에 대해 어떤 형태로든 준비했다는 사실을 알았다.

여기서 쉘은 앞으로 재난이 다가온다는 가정하에 그것이 어떤 형태로 다가올 것인가에 대한 복수의 시나리오를 만들었다. 그리고 각각의 경우에 대한 대응 전략을 세웠다.

1967년 이스라엘-아랍권 간의 중동 전쟁에서 이스라엘이 일방적인 승리를 거두자, 쉘은 아랍권의 다음 대응 수순을 시나리오 기법으로 예측했다.

이 시나리오를 작성하던 1968년 당시는 유가가 안정적이었기 때문에 유가 폭등을 예측하고 이에 대한 대책을 마련한다는 것은 일견 어리석어 보일 정도였다. 그러나 미국의 석유 재고가 바닥권이었고, 아랍권에서는 정치적인 결속을 강화하려는 움직임이 감지되고 있어 석유 위기는 충분히 가능성이 있었다.

그들이 작성한 시나리오에 의하면 아랍권이 취할 다음 행동은 석유 감산과 유가 인상이었다. 그리고 그 시점은 OPEC이 유가 재협상을 앞둔 1975년 이전이었다. 그들은 이에 대한 대책을 세우고 수차례의 모의훈련까지 마친 상태였다.

실제로 에너지 위기는 1973년 10월에 일어났다. 예상치 못한 에너지 위기에 다른 경쟁자들이 우왕좌왕하는 사이 쉘은 일사분란하게 대응해나갔다. 그 결과 경쟁자들이 대부분 무너지는 가운데, 쉘은 순식간에 업계 선두 자리를 확보할 수 있었다.

일반적으로 기업에서 사용하는 시나리오는 대안 수준이다. A, B, C 등 몇 개의 대안을 마련해놓고 그중 어느 것이 가장 유리하냐 하는 것으로, 현재의 상황만을 고려하는 정적인 시나리오였다.

그러나 쉘의 기법은 사건 전개형 시나리오로 미래의 상황을 그려감으로써 장기적, 동태적으로 최악의 환경 변화를 예측할 수 있다는 점에서 차이가 난다. 이렇듯 시나리오 기법은 불안정한 환경 속에서 미래를 예측하는 데 효과적이다.

최근 미국 보험업계의 새로운 강자로 부상하고 있는 뉴욕라이프를 보자. 금융 위기의 징후를 감지한 뉴욕라이프는 자산을 정리하여 자금을 확보해뒀다. 그리하여 그들은 금융 쓰나미가 닥쳐 경쟁자들이 쓰러질 때, 입지를 넓힐 수 있었다.

주택 건설업체 톨 브라더스는 서브프라임 모기지 사태가 발생하기 2년 전에 시나리오 기법을 통해 위기를 감지했다. 다른 업체들이 지속적인 주택 가격 상승을 믿고 은행 돈을 한도껏 빌려 주택을 사들일 때, 그들은 오히려 소유한 주택을 모두 내다팔았다.

그리고는 금융 위기가 가라앉자, 주택 가격이 가장 많이 떨어진 캘리포니아 지역을 중심으로 대대적인 저가 매수에 나서면서 새로운 강자로 부상했다.

이렇듯 미리 대비를 해놓으면 위기가 와도 조금 흔들릴 뿐 쓰러지지는 않는다. 장수 기업의 생존 비결은 주기적으로 다가오는 큰 위기에 대응책을 마련해놓는 것이다.

보이지 않는 피드백,
'델파이 기법'

'**델파이 기법**'은 여러 전문가들의 의견을 설문 조사 방식으로 수집하고, 수집된 의견을 종합하여 이를 참여한 전문가들에게 다시 피드백하는 과정을 반복한다. 그리고 전문가들이 다른 전문가들의 의견을 참조해가면서 자신의 의견을 수정할 수 있도록 진행하는 미래 예측 방법이다.

델파이 기법은 1948년 미국 공군의 싱크탱크인 랜드연구소에서 개발되어 IT 분야, 연구개발 분야, 교육 분야, 군사 분야 등의 미래 예측에 활용되고 있다. 델파이는 고대 그리스 델파이 신전에서 신탁을 받았던 것에서 유래된 용어다.

이 이론은 어떤 전문 분야에 대한 미래 예측에서 마땅한 정보가 없을 때, 전문가 한 사람보다는 두 사람의 의견이 더 정확할 것이고, 다수의 판단이 소수의 판단보다 더 정확할 것이라는 가정에 기반을 두고 있다.

이전에도 여러 전문가들의 의견을 듣는 방법은 많이 있었다. 패널이나 특정 분야의 전문가들을 한자리에 모아 토론을 벌이는 방식이 그중 하나다. 그러나 여기서는 목소리 큰 사람의 주장이 '정답'으로 굳어지는 경향이 강하다는 문제가 있다.

이 문제를 개선하기 위해 델파이 기법은 전문가를 한자리에 모으지 않고, 또 여기에 참여하는 전문가들이 누군지 서로가 알지 못하는 상태에서, 익명의 설문 방식으로 의견을 구한다. 이로써 전문가들은 자신의 의견을 자유롭게 개진할 수 있다는 것이다.

수행 방법은 다음과 같다.

우선 설문을 통해 익명으로 복수 전문가들의 의견을 받은 다음, 이를 정리하여 응답했던 전문가들에게 피드백시킨다. 이를 받아 본 전문가들은 다른 전문가들의 의견을 참조하면서 자신의 의견을 수정해나간다. 이를 다시 종합, 정리하여 전문가들에게 피드백시키는 과정을 반복함으로써 전문가 집단의 통일된 의견을 얻을 수 있다는 것이다.

응답자의 '익명성'이 보장되기 때문에 전문가들은 누구의 방해도 받지 않는 상태에서 의견을 밝힐 수 있다. 또한 자신의 의견에 대한 반대 의견을 참조하면서 자신의 의견을 수정할 수도 있고, 재반론을 할 수도 있다.

무엇보다 공개된 토론이 아니기 때문에 외부 사람이나 진행자의 영향력으로 왜곡되거나 표현이 제한되는 경우가 거의 없다는 장점이 있다.

이렇듯 피드백이 반복되는 동안에 응답자는 해당 주제에 대해 좀 더 깊이 사유할 수 있는 시간을 가질 수 있고, 한결 성숙된 의견을 얻을 수 있다.

2등이 1등보다 더 행복하다,
'프레임의 법칙'

미국에서 널리 알려진 우화다. 두 사람이 예배를 드리러 가는 길이었다. 그중 한 사람인 세실이 물었다.

"이봐 모리스, 기도 중에 담배를 피워도 된다고 생각하나?"

모리스가 대답했다.

"글쎄 잘 모르겠는데. 랍비한테 물어보는 게 어때?"

세실이 먼저 랍비에게 다가가 물었다.

"선생님, 기도 중에 담배를 피워도 되나요?"

랍비는 정색하면서 대답했다.

"형제여, 기도는 하나님과 나누는 엄숙한 대화인데 기도 중에 담배를 피우다니, 절대 그럴 수는 없다네."

세실의 이야기를 옆에서 듣고 있던 모리스가 말했다.

"선생님, 담배를 피우는 중에는 기도하면 안 되나요?"

랍비는 환한 미소를 얼굴에 띠웠다. 그리고는 말했다.

"형제여, 기도는 때와 장소가 필요 없다네. 담배를 피우는 중에도 기도는 얼마든지 드릴 수 있다네."

동일한 현상도 관점에 따라 전혀 다르게 보여질 수 있다. 프레임은 '창틀' 정도의 의미를 가진 단어지만 여기서는 관점, 혹은 생각의 틀과 같은 의미로 사용하고자 한다. 생각의 틀을 바꾸면 불행도 행복으로 느껴진다는 것이다. 이것이 **프레임의 법칙**이다.

코넬 대학 심리학 교실에서 재미있는 연구 결과를 내놓았다. 그것은 올림픽에서 메달을 딴 선수들의 표정을 분석한 것이었다. 기쁜 표정을 짓는 선수의 순서는 금, 은, 동이 아니라 금, 동, 은이었다. 분석팀에서는 그 이유를 프레임 이론으로 풀이하고 있다.

물론 금메달을 딴 선수는 기쁜 표정이다. 그러나 은메달을 딴 선수는 속으로 이런 생각을 한다는 것이다.

'조금만 더 노력했으면 금메달을 딸 수 있었을 텐데……'

그러면서 금메달의 시각으로 자신의 은메달을 생각한 반면, 동메달을 딴 선수는 메달을 따지 못한 선수들의 관점에서 자신의 동메달을 보게 된다. 그래서 동메달을 딴 선수가 은메달을 딴 선수보다 더 환한 표정을 짓는다는 이야기였다.

쓰레기 청소를 하면서도 늘 환한 표정을 짓고 있는 할아버지 청소부가 있었다. 무엇이 좋아서 저리도 싱글거리는 것인지 궁금해하던 청년이 그 이유를 물었다.

그러자 청소부 할아버지는 이렇게 말했다.

"난 우리가 살고 있는 지구의 한 모퉁이를 청소하고 있는 거라네. 그러니 즐겁지 아니한가!"

최악의 매너,
'종속의 효과'

정신 의학자 인셸은 기다림이 고통스러운 것은 기다림에 **'종속의 효과'**가 있기 때문이라고 말하고 있다.

"기다리게 한 사람의 시간은 기다린 사람의 시간보다 가치가 높다."

"기다리게 한 사람은 기다린 사람의 시간을 좌우할 만한 권한을 가지고 있는, 보다 우위의 입장에 선 인물이다."

즉 기다리게 한 사람은 유리하고, 기다린 사람은 심리적으로 불리하다는 심리적 도식이 성립된다는 것이다.

기다리게 만드는 사람이 실제 현실 속의 역관계에서도 우위에 있는 사람(상사라든가 중요한 고객)이라면 기다리는 사람은 '할 수 없지, 뭐'라고 간단하게 생각한다. 그러나 자신이 위에 있는 입장인데도 상대편이 나타나지 않아 기다리게 된다면 '아니 내가 그놈을 기다리고 있다니. 이게 무슨 낭패야'라고 굴욕감 속에 불쾌한 감정이 부글부글 끓어오른다.

만약 약속 시간에 늦었을 때 '약간 기다리게 해도 뭐, 괜찮겠지'라고 생각한다면, 그 상대방은 부하 직원이거나 후배와 같이 자신보다 심리적으로 하위에 있는 경우일 것이다. 그러나 반대로 은사나 상사를 기다리게 하는 곤란한 상황이 벌어지면, 당황스럽고 두려운 나머지 마음은 초조해진다.

이러한 종속의 효과를 역으로 사용해 고의로 상대방을 기다리게 함으로써 자신의 지위가 상대보다 높고, 자신이 더 우위에 있는 존재라는 점을 은근히 과시하는 경우도 있다.

회의나 약속 시간에 언제나 약간씩 늦는다거나, 약속 시간을 일방적으로 변경한다든가, 전화를 받을 때 느긋하게 시간을 끌거나, 문을 노크해도 오랫동안 대답하지 않는 등 그 테크닉은 다양하다.

남녀가 데이트할 때, 여성 쪽이 항상 몇 분 정도 늦게 나오는 것도 "나는 당신에게 쉽게 공략될 사람이 아니다."라는 심리적 메시지를 보내기 위해서다. 여기에는 약한 존재인 여성이 강한 존재인 남성을 동요시킴으로써 일종의 균형을 회복하고자 하는 심리도 작용한다.

세일즈맨이 약속 시간에 맞춰 거래처를 방문했다. 그런데 상대방으로부터 "죄송하지만 지금은 잠시도 일손을 뗄 수 없군요. 한 30분 정도만 기다려주시지 않겠습니까."라는 말을 듣게 되었다. 할 수 없이 기다리는 사이에 곰곰이 자기 처지를 생각해보니 무기력하기 짝이 없다. 바로 종속의 효과가 당신을 지배한 것이다.

그러나 남을 기다리게 하는 행위란 상대 입장이나 서로의 인간관계와 상관없이, 기본적으로 실례를 범한 것임에 틀림없다. 상대방이 기다리지 않도록 배려하는 것이 가장 최선의 매너라고 할 수 있다.

"이것 참, 자네에게 면목이 없네."

"이 다음에 어떤 식으로든지 벌충함세."

정중하게 사과함으로써 상대가 느끼고 있는 굴욕감과 종속감을 줄일 필요가 있다. 그러면 상대 역시 '성실한 사람이다'라는 생각과 함께 당신을 더욱 신뢰하게 됨으로써, 약간 시간에 늦은 것이 긍정적인 효과를 낳을 수도 있다.

028

NO가 YES로 바뀐다,
'수면자 효과'

쿨링 오프라는 제도가 있다. 통신판매나 방문판매 등에서 성립된 매매 계약이라도 일정 기간 이내에 무효로 할 수 있는 제도다. 소비자 보호 제도 중의 하나다.

이 경우에 '쿨링'이라고 하는 것은 처음에는 좋다고 생각했던 것이, 나중에 그렇지 않다고 생각할 수도 있는 냉각 기간을 말한다. 거꾸로 처음에는 별 이익이 없다라고 나쁜 인상을 가지고 있던 것이, 시간이 지남에 따라 나쁜 인상이 기억에서 사라지고 긍정적인 감정을 가지게 되는 경우도 있다. 이것을 심리학에서는 '**수면자 효과**'라고 한다.

예를 들면 협상의 장에서 논쟁이 과열되어 이대로는 결렬

될 수밖에 없다는 생각이 들 때, "우선 점심식사나 하시죠. 결론은 그다음에 이야기합시다."라고 말해 약간의 냉각 기간을 두고 다시 협상을 개시했을 때, 놀랄 정도로 간단히 해결되는 경우가 있더라는 것이다.

설득 효과는 협상이 최고조로 올랐을 때나 설득 직후가 아니라, 잠깐 휴식 기간을 둔 이후가 가장 좋다. 이것은 설득에 참여한 사람의 인상과 설득 내용이 분리되어 정보의 신뢰성이 늘어남으로써, 냉정한 판단을 내릴 수 있다는 심리 구조에 따른 것이다.

특히 처음 만났거나 자신에 대해 좋지 않은 인상을 가지고 있는 상대의 경우, 협상 도중에 신뢰를 얻어 경계심을 누그러뜨리기란 쉽지 않다. 나쁜 인상 때문에 협상 내용까지 신뢰하지 못하게 되는 편견이 작용하는 경우도 있다.

그렇지만 냉각 기간을 두면 이야기하는 사람의 인상, 신뢰도, 대화의 내용이 분리된다. 그러면 내용 자체만을 가지고 객관적인 판단을 할 수 있고, 상대의 편견에 기초한 처음 의견은 수정되거나 시정된다. 노가 예스로 바뀌는 것이다.

그래서 처음부터 쉽사리 설득되지 않는다 할지라도 무리하게 강요하지 않는 것이 좋다. 잠시 냉각 기간을 두고 수면자 효과를 노려, 다시 설득하는 것이 상책이다.

사이가 나쁘지만 설득해야 할 라이벌이 있다고 하자. 그와 만나 이런 말로 설득해보라.

"자네의 실력은 이전부터 높이 평가하고 있었다네. 하지만 나도 자네에 비해 손색이 없다고 자신하네. 그러나 이번만큼 은 아무리 해도 자네를 따를 수 없군."

처음에 상대는 이 말을 믿지 않고 일소에 부쳐 버린다. 그렇 지만 얼마 후 '저놈이 말한 것이 본심일지도 모른다'는 수면 자 효과가 나타나, 그가 직접 당신을 찾아와 협력을 약속할지 도 모른다.

사람의 마음을 혼란스럽게 만들어 자기 페이스로 끌어들 이는 고등 심리 테크닉이라고 할 수 있다.

029

당신의 성공을 위한 '실천적 교양!'

입을 다물게 하다,
'멈 효과'

인간관계에서 강제적 힘은 원칙적으로 사용하지 않는 것이 좋다. 회초리 앞에서 사람들은 어쩔 수 없이 따르게 되지만, 그것은 어디까지나 표면상의 복종이나 영합에 불과하다. 마음속에는 반발, 불만, 원한, 시샘이 가득하다.

이런 감정의 문제만 있는 것은 아니다. 업무 등 일상생활에서 정확한 정보의 유통이 제한되는 현상이 나타난다. 사람들에게는 자신에게 힘을 행사하는 사람에 대해, 정보를 있는 그대로 전달하기보다 그가 좋아하고 그에게 영합하는 말만 골라서 이야기하는 경향이 있다.

따라서 윗사람의 기분을 거슬리는 비판이나 충고, 자신을

118

평가절하시킬 수 있는 내용은 전달되지 않게 된다.

이것을 '멈Mum 효과(영어에서 침묵하고 있는 것을 Mum이라고 한다)'라고 한다. 업무상의 잘못이 발생했음에도 불구하고 상사의 강제적 힘을 두려워한 나머지 '멈'에 빠지게 되면 상사 역시 정확한 정보를 알지 못하게 된다. 잘못이 있어도 즉시 해결되지 못한 채 그대로 진행되므로, 결국에는 이후에 커다란 실패를 자초하게 된다.

장기적으로 볼 때, 감정적인 측면에서나 업무적인 측면에서 강제적 힘은 될 수 있으면 사용하지 않는 편이 좋다. 그럼에도 불구하고 상사, 부모, 교사 등 많은 사람들에 의해 강제적 힘이 자주 행사된다. 그것은 아랫사람을 움직이는 데 가장 손쉽고 빠른 방법이라고 생각하기 때문이다.

특히 능력, 지식, 인간적 매력에 자신이 없는 사람일수록 강제력을 행사한다. 다른 방법으로는 사람을 움직일 수 없다고 스스로 판단하고 있기 때문에 위협이나 공갈을 사용하는 것이다. 하지만 바람과 태양의 우화에서 알 수 있는 것처럼 평소에는 부드럽게 대하다가 반드시 꾸중하고 넘어가야겠다는 판단이 설 때, 힘을 행사하는 것이 가장 효과적이다.

간절히 바라면 이루어진다!
'피그말리온 효과'

'Dream is now here!'

이를 번역하면 '꿈은 여기에 있다!'는 의미가 된다. 그러나 부정적인 생각만 하는 사람에게는 이것이 'Dream is nowhere(꿈은 어디에도 없다)'로 보인다고 한다. 띄어쓰기 하나의 차이인데도 이 둘의 의미는 하늘과 땅만큼 차이가 난다. 긍정적인 생각을 하면 그대로 이루어지고, 부정적인 생각을 하면 소원대로 이루어지지 않는다는 말이다. 이것이 **피그말리온 효과**'다.

피그말리온은 그리스 시대 아프로디테 신전이 있는 키프로스섬에 살았던 조각가였다. 당시 그 섬의 여인들은 정조 관념이 희박했던 모양으로, 이에 실망한 피그말리온은 자신이 상상하는 이상적인 여인상을 상아 조각으로 다듬어 그 조각상과 사랑에 빠졌다.

일 년에 한 번 열리는 아프로디테 축제의 날, 피그말리온은 아프로디테 신에게 자신이 다듬은 조각의 여인을 사람이 되게 해달라고 간청했다. 그의 정성에 감복한 아프로디테는 마침내 그 조각상에 영혼을 불어넣어 줬다. 그 여인의 이름은 갈라테이아였다.

이처럼 간절한 염원이 있으면 소원이 이루어지는 경우를 이 조각가의 이름을 따서 피그말리온 효과라고 부른다. 심리학에서 말하는 **'자기 암시의 효과'**다.

피그말리온 효과는 큰일을 이룩한 사람들에게서 공통적으로 나타나는 현상이기도 하다. 강력한 자기 암시가 열정을 불태우게 하고, 그 열정이 큰일을 이루게 한다는 것이다.

나폴레옹은 "내 사전에 불가능은 없다."라며 자기 암시를 했고 오바마, 스티브 잡스, 오프라 윈프리 등 상위 0.1%에 속하는 사람들은 대부분 강력한 자기 암시를 통해 성공한 이들이다.

미국에서 있었던 실험이다. 어느 학급에서 무작위로 20%의 학생들을 선발하여 '너는 잘할 수 있다'는 칭찬과 격려를 아끼지 않자, 8개월 후에는 실제로 성적이 훌쩍 올랐다.

이번에는 미국의 한 운송회사에서 있었던 일이다. PIE라는 이름의 이 회사는 일 년 동안 화물 분류를 잘못하여 발생하는 손해가 25만 달러나 되었다. 마침내 유명 컨설턴트인 에드워드 데밍 박사를 초청하여 자문을 받았는데, 그의 처방 중 하나가 작업 인부들의 호칭을 바꾸라는 것이었다.

그의 권고에 따라 그들을 '작업 인부'라는 이름 대신 '장인'으로 불렀다. 그러자 한 달 만에 배송 실수가 10%나 줄었다. 그전까지는 작업 시간만 때울 뿐이었지만, 장인이라는 이름을 붙여 주자 책임과 긍지를 가졌던 것이다.

가짜 약으로 병을 고친다?
'위약 효과'

병의 절반은 환자 자신이 고친다는 말이 있다. 가짜 약을 특효약이라고 환자에게 투약한다. 그러면 환자 스스로 나을 수 있다는 확신을 가지게 되어 절반은 고칠 수 있다는 말이다.

제1·2차 세계대전 중에 있었던 일이다.

전방부대 군 의료원에서는 급증하는 부상병으로 의약품이 턱없이 부족하게 되었다. 이에 의사들은 약효가 전혀 없는 가짜 약을 처방해주고 '특효약'이라며 환자들을 속였다. 그랬더니 가짜 약을 먹은 환자들의 상태가 상당히 호전되는 결과가 나왔다. 이는 특효약을 먹었으니 좋아질 거라는 환자의 **'자기 암시'**로 인한 치료 효과였다.

이를 '위약偽藥 효과'라고 부르게 되었다. 영어로는 '플라세보 이펙트Placebo effect'라고 부른다. Placebo는 '내가 너를 편하게 해주겠다'는 의미의 라틴어에서 나온 말이다.

자기 암시의 힘을 이론적으로 체계화시킨 사람은 프랑스의 의사 에밀 쿠에였다. 의사로서 임상 실험을 통해 위약 효과를 확인한 그는 1922년에 발간된 에세이집《나는 날마다, 모든 면에서, 점점 더 좋아지고 있다》에서 "상상의 힘은 의지보다 강하다."라고 말한다.

얼마 전 미국 ABC 방송에서는 재미있는 실험을 했다. 가짜 약을 환자에게 투여하면서, 환자만 모르는 경우와 의사와 환자 모두가 모르는 경우로 나눠 실험했다. 그런데 의사와 환자 모두가 가짜 약인 줄 모르고 투약했을 때의 효과가 가장 높았다. 결국 환자의 확신에다 의사의 확신까지 더해진 플러스 효과가 나타나더라는 이야기다.

성공도 마찬가지다. 성공하겠다고 결심한다고 해서 성공하는 것이 아니라, 열심히 노력해서 성공하는 과정을 즐겁게 상상하는 사람이 성공하는 것이다. 이를 '유인력誘引力의 법칙'이라 한다.

두려움을 믿는 사람은 두려움으로 가득차게 되고, 빛을 믿는 사람은 빛으로 가득차게 된다. 이것은 우리의 생각 자체가 에너지기 때문에 유인력, 즉 끌어당기는 힘을 가진다는 의미다.

동기부여의 바이블로 불리는 《성취의 법칙》이라는 책이 세계적으로 유행한 적이 있다. 이 책의 저자 로버트 콜리어는 광산 노동자로 시작하여 성공한 카피라이터가 된 인물이다. 그는 이 책에서 자기 암시에 의해 꿈을 이루는 과정을 보여주고 있다.

그는 우선 구체적이고도 간절한 소망을 품으라고 한다. 그 다음에는 소망이 이미 이루어졌다고 상상하고 그렇게 행동하라는 것이다. 그러면 정말 그렇게 이루어진다는 내용이다. 자기 암시가 현실이 되는 것이다.

가는 날이 장날,
'머피의 법칙과 샐리의 법칙'

확률이 $\frac{1}{2}$인 일도 누구에게는 잇따라 나쁜 결과만 나타나는가 하면, 다른 누군가에게는 잇따라 좋은 결과만 나타나는 경우를 흔히 볼 수 있다. 나쁜 결과만 이어지는 경우를 '머피의 법칙', 반대로 좋은 결과만 이어지는 경우를 '샐리의 법칙'이라고 부른다.

미 공군 기지에 근무하던 머피 대위는 전투기 조종사들을 대상으로 초음속으로 하늘을 날던 조종사들이 지상에 내렸을 때, 신체 상태의 급감속 적응 실험을 했다.

전극봉으로 신체를 체크하는 실험이었는데, 피실험자 모두가 적응 실패로 나타났다. 나중에 원인을 조사해본 결과 기술자가 전극봉의 배선을 잘못 연결한 것임이 밝혀졌다. 그는 이렇게 적고 있다.

"어떤 일을 하는 데 여러 가지 방법이 있고, 그중 하나가 잘못을 초래할 수 있는 방법이라면 누군가는 꼭 그 방법을 사용한다."

머피의 법칙은 여기서 유래되었다. 일단 잘못된 일이 일어나면 최악의 상태로 발전할 가능성이 아주 높다는 것이다.

영국의 물리학자 로버트 매튜즈는 유럽 물리학 저널에서 버터 바른 빵을 떨어뜨리면 버터 발린 쪽이 바닥으로 떨어진다며, 머피의 법칙이 단순 우연만은 아니라고 주장했다.

약속 시간이 촉박해서 택시를 타면 신호등마다 걸리고, 오랜만에 간 야구장에서의 결정적인 한 방은 한눈을 파는 순간 터지게 마련이다. 여러 가지 물건 중 망가질 확률은 비쌀수록 높으며, 제발 일어나지 말았으면 하는 일일수록 확실하게 일어난다. 이것이 머피의 법칙이다.

머피의 법칙과는 반대로 샐리의 법칙은 좋은 결과만 나타나거나 나쁜 일이 오히려 전화위복이 되는 경우를 가리킨다. 1989년에 개봉된 〈해리가 샐리를 만났을 때〉라는 영화에서 유래되었다.

해리와 샐리 두 사람은 시카고에서 뉴욕으로 가는 차에서 처음 만난다. 그러나 두 사람은 사랑과 우정에 관한 견해 차이로 토닥거리다가 뉴욕에 도착해서는 헤어지고 만다. 이후 두 사람은 진정한 사랑을 찾아 헤매다가 다시 만나 서로의 고민을 털어놓고 들어주는 사이가 된다.

그러나 의견 차이는 여전했다. 그러다가 두 사람이 각기 다른 애인을 데리고 동석한 자리에서 서로의 애인에게 질투를 느끼게 된다. 그 순간, 서로가 진정으로 사랑하고 있음을 깨닫게 된다는 내용의 영화다.

여기서 나온 것이 샐리의 법칙이다. 해피엔딩으로 끝난 영화처럼 잇따른 일들이 좋은 방향으로만 이어지는 경우를 가리킨다.

첫사랑이 아름다운 이유?
'정보의 제시 순서 효과'

'**정보의 제시 순서 효과**'라는 현상이 있다. 정보를 제시할 때도 처음에 제시된 정보가 전체적인 인상에 크게 영향을 미치고, 그 이후의 정보일수록 효과가 약화되는 경향이 있다는 것이다. 여기에 재미있는 실험 결과가 있다.

피실험자들을 두 그룹으로 나눈 다음 이들에게 어떤 인물의 특징에 관해 여섯 가지로 설명하되 순서를 바꿨다. 첫 번째 그룹에는 그 사람을 〈지적이며 → 근면 성실하고 → 비판력이 뛰어나지만 → 충동적이며 → 완고하고 → 질투가 심하다〉라고 소개했다.

두 번째 그룹에는 〈질투가 심하고 → 완고하고 → 충동적이지만 → 비판력이 뛰어나고 → 근면 성실하며 → 지적이다〉라고 설명했다.

이에 첫 번째 그룹은 그 인물을 유능하고 성공한 사람으로 받아들였다. 하지만 두 번째 그룹은 그 사람에 대해 좋지 않은 인상을 받았다.

또한 두 그룹 모두 똑같이 그 인물에 관해 '비판력이 뛰어나다'라는 설명을 들었지만, 첫 번째 그룹은 그것을 지적인 비판으로 이해했다. 하지만 두 번째 그룹은 질투어린 비난으로 받아들였다.

이 실험을 통해 우리는 첫인상이 그 사람의 전체적인 인상을 결정하는 데 중요한 영향을 미친다는 사실을 알 수 있다.

또 다른 예를 들어보자.

심리학자 켈리는 강사가 강의를 시작하기 전에 그 강사에 대해 A반에게는 〈다정하다〉 B반에게는 〈냉정하다〉는 정보를 미리 전달했다. 그리고 강사가 강의를 마치고 돌아가자, 학생들에게 그 강사에 대한 인상을 물었다.

결과는 A반이 B반에 비해 그 강사에게 더 큰 호감을 갖고 있는 것으로 나타났다. 뿐만 아니라 다정하다고 들은 A반 학생들이 B반에 비해 강의에 더 적극적으로 참여하는 경향이 있었다. 이 실험도 첫인상이 그 인물에 대한 전체 인상에 강력한 영향을 끼친다는 사실을 보여준다. 정보의 제시 순서 효과에 대한 결정적 증명인 셈이다.

남자들에게 마음속에 담아 둔 가장 아름다운 여인을 꼽으라면 아마도 '첫사랑'을 꼽을 것이다. 어른이 되어서도 그 첫사랑은 세상에서 가장 곱고 아름다운 여인으로 기억에 남아 있게 된다.

어른이 되어서도 어린 시절에 처음 먹어보던 자장면이나 피자의 맛은 평생 잊을 수 없는 경우가 많다. 시장에서도 어느 분야든 처음 시장에 나타난 브랜드가 오랫동안 그 영역의 주인장 노릇을 하는 경우를 쉽게 접할 수 있다. 정보의 제시 순서 효과 때문이다.

천재를 만드는 99%의 노력,
'1만 시간의 법칙'

국가도 기업도 개인도 한 단계 더 높은 수준으로 도약하기 위해서는 임계치 이상의 에너지를 중단 없이 투입해야 한다. 바로 노력이다. 바둑이나 골프 역시 한 단계 더 높은 수준으로 비약하기 위해서는 일정 수준의 절대적인 시간과 노력이 필요하다.

요즘 유행하는 이론 중에 '**1만 시간의 법칙**'이라는 게 있다. 무엇이든 어느 분야든 나름대로 도의 경지에 이르기 위해서는 최소한 1만 시간을 투자하라는 것이다.

1만 시간은 하루 3시간이면 10년, 하루 10시간이면 3년이다. 진정으로 이루고 싶은 소망이 있다면 그리고 '**퀀텀 점프**'

를 원한다면 그 정도의 노력은 있어야 한다는 의미일 것이다. 심리학자 마이클 호위는《천재를 말하다》라는 책에서 이렇게 적고 있다.

"숙련된 작곡가의 기준으로 볼 때, 모차르트의 초기 작품은 놀라운 것이 아니다. 그가 어린 시절 작곡한 초기 7개의 피아노 협주곡들은 다른 작곡가들의 작품을 재배열한 것에 지나지 않는다. 오늘날 걸작으로 평가받는 모차르트 협주곡, 9번 KV 271은 스물한 살 때부터 쓰였다. 이는 그가 협주곡 작곡을 시작한 지 10년이 흐른 뒤다."

한술 더 떠, 음악 평론가 헤롤드 쇤버그는 "모차르트의 위대한 작품들이 작곡을 시작한 지 20년이 지나서 나온 것을 보면 그의 재능은 오히려 늦게 개발되었다."라고 말한다.

IQ 127의 아이였던 모차르트는 어린 시절에 일찍 음악에 빠져들어 20년이 넘도록 거기에 몰입했다는 것이다.

'허드슨강의 기적'을 1만 시간의 법칙에 비유하는 사람들도 있다. 허드슨강의 기적은 2009년 승객 155명을 태운 US에어 소속 비행기가 이륙 4분 만에 허드슨강으로 추락했던 사고를 말한다.

그러나 항공기는 물속으로 처박히지 않고 수면을 스치듯이 비행했다. 그 덕분에 승객 전원이 무사히 구출되었다. 최고의 조종사가 아니었다면 불가능한 일이었으리라.

허드슨강의 기적을 연출한 조종사는 비행 시간 1만 9천 시간을 기록한 슬렌버거였다. 1만 시간의 법칙이 이루어낸 기적이었다.

반대로 2008년 미국을 휩쓸었던 금융 위기는 경험 없는 월가의 수학 박사들 때문이라는 지적이 제기되고 있다. 월가에서는 20년 동안 수학 박사들을 끌어들여 복잡한 파생 상품을 만들어냈다. 금융에 대한 깊은 이해가 없는 아마추어 수학자들이 시장의 흐름을 왜곡시켰다는 이야기다.

가장 성공했을 때가 가장 위험할 때,
'제로 베이스의 법칙'

실패학을 연구하는 사람들에 의하면 대부분의 실패는 관성의 법칙 때문에 일어난다고 한다. 일단 한 분야에서 성공을 거두면 그 성공의 법칙에 매몰된다는 것이다.

이전에 성공했던 방법 이외의 방법을 시도한다는 것은 이단 취급을 받게 된다. 그러면 구성원 누구도 새로운 방법을 찾지 않고 이전의 방식을 그대로 답습하게 된다. 이것이 **관성의 법칙**이다.

관성의 법칙이란 뉴턴의 제1법칙으로 움직이는 물체는 영원히 같은 운동을 계속하려 하고, 정지된 물체는 영원히 정지해 있으려 한다는 법칙이다. 이 관성이 실패의 함정이라는 것이다.

그러나 주어진 여건은 하루가 다르게 변하고, 경쟁자는 더 빠른 속도로 추격해오고 있다. 그러면 실패는 당연한 귀결이라는 것이다.

실패를 막기 위해서는 우선 이 관성을 깨뜨려야 한다. 이전의 성공 방식, 즉 성공한 사람은 성공하는 즉시 그 방식을 잊어 버려야 한다. 그리고 처음부터 다시 시작하는 것이다. 이것이 '**제로 베이스의 법칙**'이다.

급변하는 환경에서 이전에 했던 방식은 더 이상 유효하지 않다. 변화된 상황과 정보를 가지고 새로운 방식으로 접근해야만 한다.

제로 베이스의 방식에 가장 충실했던 사람은 우리나라 축구를 세계 4강에 올려놓았던 히딩크 감독이다. 특히 그는 선수 선발에서 이 원칙에 가장 충실했다.

히딩크의 눈에 이전에 잘했던 선수, 이전에 골을 많이 넣었던 선수는 보이지 않는다. 기득권은 없다. 지금 당장 감독이 바라는 요건을 갖춘 선수만이 대표팀 유니폼을 입을 수 있는 것이다. 이처럼 매일매일 반복되는 치열한 경쟁은 마침내 4강 신화를 이루어낸 원동력이 되었다.

남편의 폭력을 호소하는 부인에게 상담사가 물었다.

"만약 당신의 배우자가 결혼 전부터 도박하거나 폭력을 행사하는 것을 알았다면 그래도 결혼을 했겠습니까?"

그러자 부인이 대답했다.

"아닙니다. 결혼 전에 알았더라면 절대 결혼하지 않았을 것입니다."

"그러면 지금 당장 이혼하십시오."

이것이 제로 베이스적인 사고방식이다.

이기심은 정말 나쁜 것일까?

'합리적인 선택'

경제학은 인간의 이기심을 용인하는 거의 유일한 학문이며, 그 이기심이 구성원 모두에게 이익이 되는 합리적인 것이라는 가정에서 출발한다.

여름날 농부가 땀흘리며 열심히 일하는 것은 우리에게 쌀밥을 먹여주려는 자비심 때문이 아니라 자신이 많은 돈을 벌기 위함이며, 이것은 모두에게 이익이 된다는 것이다.

그러나 문제는 인간의 **'이기적인 선택'**이 합리적이지 않을 수 있으며, 두 사람의 이익이 상충되는 상황에서는 **'합리적인 선택'**이 오히려 최악의 선택이 될 수 있다는 것이다. 이러한 이론이 바로 **'죄수의 딜레마'**다.

공범인 A와 B가 잡혔다. 경찰로서는 심증은 있으나 확실한 물증이 없는 상태다. 경찰은 이들로부터 자백을 받아야만 한다. 48시간 이내에 자백을 받지 못하면 두 사람 모두 무죄로 풀려날 상황이다. 경찰은 이들을 분리 심문하면서 이렇게 제의했다.

"만약 네가 자백하면 정상을 참작하여 석방해주겠다. 만약 네가 자백하지 않고 네 동료가 자백한다면 너는 모든 죄를 뒤집어쓰고 징역 10년을 살게 될 것이다. 너와 네 동료 모두 자백하면 두 사람 모두 징역 5년이다."

이 경우 일어날 수 있는 경우의 수는 4가지다.

① A, B 모두 침묵할 경우

② A가 침묵을 하고 B가 자백할 경우

③ A가 자백하고 B가 침묵할 경우

④ A, B 모두 자백할 경우

가장 좋은 선택은 두 사람 모두 48시간 동안 침묵을 지켜 풀려나는 경우다. 그러나 실제로 그런 일은 일어나지 않는다.

두 사람은 각자 이렇게 생각한다.

'내가 침묵을 지킨다 해도 동료가 자백한다면 나 혼자만 10

년 형을 받아야 한다. 그럴 바에는 내가 먼저 자백하는 것이 유리할 것이다. 내가 자백하고 동료가 자백하지 않는다면 나는 풀려난다. 동료도 같이 자백한다면 우리는 모두 5년을 살아야 한다. 5년을 사는 것이 나 혼자 침묵을 지키다가 10년 형을 받는 것보다 낫다.'

그래서 두 사람 모두가 자백하게 된다. 이것은 두 사람 모두에게 차악이다. 그러나 이들의 개별적인 선택은 합리적이다. 혼자서 중벌을 받게 되는 두려움 때문에 최악을 피한 차악을 선택하게 된다는 것이다.

이상한 섬나라의 재판,
'논리의 패러독스'

소피스트 학자에게 한 청년이 찾아와 변론을 배우기를 청했다. 소피스트는 대가로 100량을 요구했다. 청년은 비싸다며 50량은 먼저 주고 나머지 50량은 훌륭한 변론가가 된 다음에 주기로 했다.

그 청년은 열심히 공부하여 그 지방에서 유명한 변론가가 되었다. 소피스트는 그를 찾아가서 나머지 50량을 요구했다. 그러나 청년은 아직 훌륭한 변론가가 되지 못했다며 지불을 거절했다. 소피스트는 소송을 제기했고, 두 사람은 재판관 앞에 서게 되었다. 먼저 소피스트가 변론했다.

"현명하신 재판장님! 저는 이 재판에 이겨도 50량을 받고

져도 받아야 합니다. 그 이유는 50량을 받기 위한 소송이니 이기면 당연히 받아야 하고, 재판에 진다면 제자가 스승을 이긴 재판이니 이미 훌륭한 변론가가 되었다는 증거입니다. 따라서 나머지 50량을 받아야 합니다."

다음에는 제자가 변론했다.

"존경하는 재판장님! 저 또한 재판에 이기든 지든 관계없이 돈을 지불할 수 없습니다. 이유는 50량을 주지 않기 위한 소송이므로 이기면 당연히 지불할 수 없습니다. 만약 재판에 진다면 아직 훌륭한 변론가가 되지 못했기 때문에 약속대로 지불할 수 없습니다."

이런 것을 패러독스라고 부른다.

이상한 섬나라가 있었다. 그 나라는 아주 배타적이어서 외부에서 섬으로 들어오는 사람은 모두 죽였다. 그러나 고지식하게도 합리적인 재판을 거친다.

재판하여 그의 말이 참이면 '진리의 신' 앞에서, 거짓이면 '거짓의 신' 앞에서 교수형에 처했다. 단 묵비권은 허용되지 않는다.

어느날 한 사람이 섬으로 들어왔다가 잡혔다. 그는 무슨 말을 해야 살아남을 수 있을까?

그는 이렇게 말했다.

"너희들은 나를 거짓의 신 앞에서 죽일 것이다."

그러자 사람들은 그를 거짓의 신 앞으로 끌고 갔다. 그러나 만약 그를 교수형에 처한다면 그가 한 말이 맞기 때문에 교수형을 처한 사람이 법을 어긴 것이 된다.

사람들은 다시 그를 진리의 신 앞으로 끌고 갔다. 그러나 죽이려는 순간 가만히 생각해보니, 만약 여기서 죽이면 그의 말이 틀리게 된다.

결국 그들은 거짓의 신 앞에서도, 진리의 신 앞에서도 그를 죽일 수 없게 되었다. 이것이 '**논리의 패러독스**'다.

천재들도 질투를 할까?
'질투의 법칙'

  미인은 자신보다 더 아름다운 미인이 나타나면 참지 못한다. 백설공주의 계모였던 왕비는 자신이 세상에서 가장 아름답다고 생각하다가 백설공주가 더 아름답다고 하자, 기어이 백설공주를 죽이려 든다.

  천재도 마찬가지다. 영화 〈아마데우스〉에 나오는 살리에리의 경우를 보자. 궁중 악장이었던 살리에리는 당대의 가장 촉망받는 음악가로 사람들의 찬사와 환호를 한몸에 받았다. 그러나 모차르트가 나타나 자신의 재능을 휴지조각으로 만들어 버리자 살리에리의 질투는 활화산처럼 타오른다.

  '르네상스' 시대의 두 천재 레오나르도 다빈치와 미켈란젤로도 그러했다. 다빈치는 여러 분야에서 천재성을 발휘한 사람이었지만 자신의 주 관심사는 해부, 설계, 건축, 과학 등에 있었다. 그러다가 미켈란젤로가 다윗상을 완성하여 사람들의 찬사를 받자, 미켈란젤로에 대한 질투심으로 다시 예술로 돌아오게 된다.

마침내 두 사람의 작품이 공식적으로 대결하게 될 일이 발생했다. 피렌체에서 다빈치에게 시 평의회 건물의 벽화를 의뢰한 것이다. 그리고 작업이 진행되는 동안 미켈란젤로에게도 시 평의회 건물의 다른 쪽 벽면 벽화를 의뢰했다. 피할 수 없는 진검승부가 펼쳐진 것이다. 두 사람의 진검승부 소식이 전해지자, 피렌체는 한껏 달아올랐다.

그러나 진검승부는 이루어지지 않았다. 다빈치는 프랑스 국왕의 부름을 핑계로 밀라노로 떠나 버렸고, 미켈란젤로는 밑그림만 그려놓고 교황의 부름을 핑계로 로마로 떠나 버렸다. 어느 하나가 치명상을 입게 될 승부를 두 사람 모두가 피한 것이다.

발명왕 에디슨도 예외가 아니었다. 자신이 세상에서 가장 뛰어난 발명왕이라고 생각하던 에디슨에게 도저히 따를 수 없는 천재가 나타났다. 크로아티아에서 태어난 세르비아인 니콜라 테슬라였다. 테슬라는 그라츠 공과 대학과 프라하 대학에서 수학, 물리학, 기계학 등을 공부했다. 그후 부다페스트와 파리에서 전기 기사로 일하다가 교류 발전기에 대한 아이디어를 가지고 미국으로 갔다.

미국에서 그는 에디슨으로부터 실력을 인정받아 에디슨 전기회사에서 일하게 되었다. 에디슨 자신이 해결하지 못했던 직류 발전기의 개발을 테슬라에게 의뢰한 것이다.

이에 테슬라는 자신이 고안한 교류 발전기가 훨씬 더 우수하다며 '교류'를 제안했다. '직류'는 송전에서 전력 손실이 크기 때문에 장거리 송전에 치명적인 결함이 있었다. 에디슨은 나중에 교류가 더 우수하다는 것을 깨달았지만, 테슬라에 대한 질투심 때문에 그것을 인정할 수 없었다.

에디슨이 직류를 고집하자, 테슬라는 하는 수 없이 직류 발전기를 만들어줬다. 하지만 자신이 해내지 못한 일을 간단히 해결한 테슬라에 대한 질투를 견디지 못한 에디슨은 약속한 보수도 주지 않고 쫓아내 버렸다.

한편 새로운 발전기를 찾던 전기회사 웨스팅하우스는 테슬라를 받아들였고 테슬라는 교류 발전기를 완성했다. 교류 발전기가 등장하자, 에디슨은 질투로 잠을 이루지 못했다. 그는 자신의 돈과 명성을 동원하여 교류가 위험하다며 갖은 흑색선전을 일삼았다.

웨스팅하우스는 테슬라의 도움으로 교류 발전기를 만들었다. 하지만 에디슨의 방해로 투자가를 구하지 못해 재정적인 어려움을 겪게 되었다. 게다가 테슬라에게 지불해야 하는 로열티 100만 달러를 제외하고 나면 회사는 파산 상태나 다름없었다.

이에 테슬라는 교류 발전에 대한 자신의 특허와 웨스팅하우스와 맺었던 로열티 계약서를 찢어 버리고는 교류 발전기를 무상으로 사용하도록 허락했다. 지금 전 세계가 교류를 쓰고 있는 것을 감안하면, 그 특허만으로도 테슬라는 세계적인 부자가 되었을 것이다.

이 싸움은 테슬라의 일방적인 승리로 끝나게 된다. 1893년 시카고 만국 박람회장에서 25만 개의 전등을 밝히는 프로젝트가 웨스팅하우스에 떨어졌으며, 나이아가라 폭포 수력 발전 역시 교류 발전기를 선택함으로써 싸움의 마침표를 찍게 되었다. 에디슨으로서는 참담한 패배였다.

테슬라의 발명품이나 연구는 교류 발전기에 머물지 않는다. 우리가 마르코니의 발명품으로 알고 있는 라디오를 비롯해, 형광등, 리모컨, 방사선 이론, 전자레인지, 유도 전동기, 고주파 램프, 음극선, 텔레비전에 사용되는 테슬라 코일, 자동차 속도계, 전자 현미경, 레이더의 아이디어, 전기장 이론 등

800여 가지에 이른다.

　그럼에도 이 위대한 과학자의 이름은 거의 알려지지 않았다. 그것은 미국의 질투 때문이었다. 테슬라의 조국인 크로티아, 즉 유고는 당시 공산권이었기에 그를 인정한다는 것은 공산권의 기술적 우위를 인정한다는 것과 마찬가지라는 논리가 성립되기 때문이었다.

　유럽에서는 '**전기장 단위**'를 표시하는 단위를 테슬라의 이니셜을 따서 'T'로 쓰고 있지만, 미국은 아직도 질투가 남아 있는지 가우스의 이니셜인 'G'를 사용하고 있다. 위대한 발명가인 테슬라의 모습은 현재 모국 유고슬라비아 화폐에 초상화 한 장으로 남아 있을 뿐이다.

적은 내부에 있다!
'마지노선의 법칙'

기관총이 처음 등장한 것은 제1차 세계대전 때였다. 기관총의 등장으로 화려한 금장 복장에 말을 타고 대오를 갖춰 위세를 자랑하던 기마병들은 자취를 감췄다. 대신 참호를 파거나 요새에 숨어 적이 나타나기만을 기다리는 기이한 전쟁이 시작되었다. 그래서 제1차 세계대전을 참호전이라고 부르는 것이다.

제1차 세계대전이 끝나자, 프랑스 국방장관 앙드레 마지노는 프랑스–독일 국경 사이에 거대한 시멘트 방벽을 쌓자고 제안했다. 그래서 쌓은 것이 길이 750km에 달하는 거대한 콘크리트 요새인 마지노선이었다. 서울–부산 거리의 2배가 넘는 엄청난 규모의 현대판 만리장성이었다.

그리고는 마지노선을 따라 개인용 참호를 파고 중·장형 대포를 촘촘히 설치했다. 이렇게 방어선을 구축해놓고 나자, 독일군의 어떤 공격에도 안심할 수 있다는 분위기가 프랑스 전역에 팽배했다.

히틀러가 등장하여 전쟁의 기운이 감돌았지만, 프랑스는 병력을 예비군으로 돌릴 정도로 여유만만했다. 마지노선을 철석같이 믿었기 때문이다.

그러나 막상 제2차 세계대전이 발발하자, 독일군은 벨기에를 가로질러 프랑스로 침공해 들어갔다. 그리고는 마지노선 뒤통수에다 기관총을 겨눴다. 그러자 프랑스는 총 한 번 제대로 쏘아보지 못하고 무너지고 말았다. 여기서 '마지노선의 법칙'이 생겨났다. 방어선이 견고하면 심리적 무장 해제를 부른다는 것이다.

전국 시대의 혼란을 평정한 진나라 시황은 북방 유목 민족인 흉노족이 마음에 걸렸다. 유목민들은 초원에 먹을 것이 부족해지면 어김없이 농경 사회를 침략했기 때문이다. 이러한 불안의 씨앗을 없애기 위해 진시황은 만리장성을 쌓고는 마음을 놓았다.

그러나 진나라는 건국 143년, 중국이 통일된 지 15년, 진시황 사후 3년을 넘기지 못하고 내부로부터 무너져 내렸다. 적은 외부가 아니라 내부에 있었던 것이다. 외적을 막으려고 무리하여 쌓은 만리장성이 내부의 적을 만들어낸 꼴이 되고 말았다.

중국의 진晉나라와 송宋나라는 양쯔강을 건너 안전한 곳으로 수도를 옮기고 나서 천하를 잃었다.

우리나라 역사도 예외가 아니다. 수도를 북쪽에 두고 북방 민족들과 대치할 때의 고구려는 강성했지만, 방어가 튼튼한 압록강 이남으로 수도를 옮겨 온 다음에 나라를 잃었다. 백제 역시 한강 이남으로 수도를 옮기고는 나라를 잃었다. 방어선이 견고하면 심리적 무장이 해제되고, 수도가 견고하면 무사안일에 빠지게 된다. 이것이 마지노선의 법칙이다.

빨리 나는 새가 먹이를 더 많이 먹는다!
'기동력과 승수 효과'

1805년 오스트리아와 러시아는 동맹을 맺고 나폴레옹 격파에 나섰다. 나폴레옹에게 빼앗겼던 땅을 회복하기 위해서였다. 연합군의 군대는 50만, 이에 맞서는 나폴레옹의 군대는 고작 21만 명이었다.

정면 대결을 해서는 승산이 없다고 판단한 나폴레옹은 21만의 군대를 여러 군단으로 나눠 흩어지게 했다. 그리고는 전략적 요충지를 버리고 후퇴하기 시작했다. 그러자 러시아의 젊은 황제 알렉산드르는 쾌재를 부르며 러시아군에게 진군을 독려했다.

그러나 이는 나폴레옹이 파놓은 함정이었다. 함정에 빠진

동맹국 군대는 사방에서 공격해오는 나폴레옹의 군대에게 힘 한 번 써보지 못하고 패퇴하고 말았다. 이것이 나폴레옹 황제 즉위 1주년을 맞아 거둔 아우스터리츠 전투였다.

나폴레옹은 늘 병사들을 사방으로 분산시켜 배치했다. 아군을 분산시키는 것은 아군의 의도를 숨기려는 목적도 있지만, 그것보다는 적의 분산을 유도하기 위한 전략이었다.

강한 적이라도 분산되면 약해지는 법, 나폴레옹은 적의 약한 지점을 목표로 아군의 병력을 집중시켜 하나씩 격파해 나갔다. 이른바 '분산分散'과 '밀집密集' 전술이었다.

분산과 밀집 전략이 효과를 거두기 위해서는 빠른 기동력이 필수 조건이다. 그러나 18세기의 군대는 말에다 식량과 탄약, 막사와 장병들의 개인 화물을 싣고 이동해야 했으므로 움직임이 아주 느렸다.

나폴레옹은 이를 개선하기 위해 많은 조치를 취했다. 우선 식량을 적지에서 조달한다는 원칙을 세웠다. 그러자 화물이 대폭적으로 줄어들었다. 그다음으로는 병사들의 막사를 천막으로 대체하여 또다시 화물을 대폭적으로 줄였다. 장병 개인의 휴대품도 최소한으로 줄였다. 그 결과 나폴레옹의 군대는 당시 유럽 군대의 평균 보속인 분당 70보보다 훨씬 많은 120보까지 확보할 수 있었다.

싸움에서 '**기동력**'이 12:7이라면 전력은 이의 제곱인 144:49로 2.93배, 대략 3배의 차가 나게 된다. '**승수 효과**'가 나기 때문이다. 수적인 열세를 극복하고도 남는다는 의미다. 이같은 기동력으로 분산과 밀집이 가능했던 것이다.

이 점은 13세기 위대한 정복자 칭기즈칸의 전략과 흡사했다. 몽골의 전사들은 말린 고기와 가죽 주머니에 든 말젖 한 통이면 말에서 내리지 않고 며칠을 버틸 수 있었다. 하지만 정착민들은 전투원보다 보급 대원이 더 많을 정도로 느렸던 것이다.

1등은 무시당하지 않는다, '넘버원의 법칙'

세상은 1등만 기억한다. 심리학자들에 의하면 인간의 인식 구조는 새로운 영역, 새로운 개념을 받아들일 때 하나의 이름, 명사로 그 영역을 정의한다고 한다. 그래서 미지의 영역을 처음으로 개척한 사람은 영원히 기억된다는 것이다.

생물학의 대부로 꼽히는 하버드 대학의 에드워드 윌슨 교수에 의하면 오리나 거위와 같은 조류에는 '각인 효과'라는 것이 있어서, 알에서 깨어난 후 처음 목격한 존재를 자신의 어미로 인식한다고 한다. 사람도 새로운 분야에서 접하는 첫 번째 단어가 그 영역의 아이콘 역할을 하게 된다는 것이다. 첫사랑이 잊히지 않는 것은 사랑이라는 개념 공간에 첫 번째

155

로 자리한 이름이기 때문이다.

인류 최초의 우주인은 구소련의 유리 가가린이었지만, 두 번째 우주인이 누군지 아는 사람은 거의 없다. 가가린은 1961년 4월 12일, 보스토크 1호를 타고 108분 동안 우주에 머무르다 귀환해서 일약 세계적인 명사가 되었다. 두 번째 우주인 역시 구소련의 티토프였다. 그는 가가린보다 4개월 늦은 1961년 8월 6일에 우주선 보스토크 2호를 타고 25시간 18분 동안 지구를 선회하는 대기록을 세운 사람이다. 하지만 첫 번째 우주인 가가린에 가려져 버렸다.

달 표면에 첫발을 디딘 닐 암스트롱의 이름은 모두가 기억한다. 하지만 두 번째로 발을 디딘 버즈 올드린의 이름을 아는 사람은 별로 없다. 더구나 달까지 함께 갔지만 달에 발을 딛지 못한 아폴로 11호의 사령선 조종사 마이클 콜린스의 이름을 기억하는 사람은 거의 없다. 콜린스는 후일 《Fly to the moon》이라는 제목의 책을 써서 달까지 우주선을 조종했던 자신이 완전히 잊힌 것에 대한 억울함을 호소했다.

올림픽 100m 달리기에서 1등과 2등의 차이는 0.01초, 종이 한 장 차이다. 그 작은 차이로 한 사람은 영웅이 되지만 다른 한 사람은 이름조차 기억되지 못하게 된다. 메이저 리그에서 12번 타석에 들어서 3번의 안타를 치면 타율이 0.25지만 12번 나와서 4번을 치면 타율은 0.333으로 올라간다. 그러나 안타 하나의 작은 차이가 연봉에서는 10배의 차이가 난다.

기업 경쟁에서도 1등은 결과에 있어서 2, 3등과 현격한 차이를 보인다. 동종 업종에서 경쟁하는 A, B, C 3개 기업이 각각 시장점유율을 50:30:20으로 나눠 가진다고 하자. 이들이 시장에서 가지는 힘이나 벌어들이는 수익은 5:3:2가 아니라 그 제곱인 25:9:4로 벌어지게 된다. '규모의 경제' 때문이다. 판매량이 많을수록 개당 원가는 줄어들게 된다. 그래서 수익은 시장점유율의 제곱으로 벌어진다는 것이다.

주식투자를 할 때도 기업의 복잡한 재무제표를 꼼꼼히 읽을 필요가 없다. 특정 기업의 수익성을 알려면 그 기업이 진출하고 있는 사업 분야가 몇 개며, 그중 1등 상품이 몇 개인가를 알면 쉽게 짐작할 수 있다.

그래서 시장에서는 강자들이 버티고 있는 레드오션에서 피 흘리며 싸울 게 아니라 강자들이 눈여겨보지 않는 작은 시장, 틈새시장을 찾아야 한다. 이것이 시대적인 흐름과 맞아떨어지면 큰 시장으로 성장한다. 이른바 '블루오션'이다.

이는 국가 경쟁력에 있어서도 마찬가지다. 우리의 지난날을 되돌아보자.

1960년대 우리나라의 경쟁력 1위 상품은 가발과 봉제 인형이었다. 1970년대에 접어들면서는 신발이 1위로 올랐고, 1980년대에는 전자렌지 등 일부 가전 제품이 1위에 오르기 시작했다. 그리고 이제는 반도체, LCD, PDP, LNG, 조선, LNG 운반선, 냉장고, 에어컨, 해수 담수설비, 온라인 게임, 인삼, 김치 등이 세계적인 경쟁력을 가진 상품이 되었다. 1등 상품이 몇 개인지만 알면 그 나라의 경쟁력을 가늠할 수 있다는 이야기다.

그러나 1등을 유지하는 것은 쉽지 않다. 세계적인 규모의 기업 GM, 포드, 일본의 소니가 흔들리고 있다. 우리나라의 경우도 1998년 외환 위기 이후, 10년 동안 우리나라 주요 30대 기업 중 절반이 순위에서 탈락하거나 공중분해되었다.

1등 기업들이 그 자리를 지키지 못하는 이유는 크게 세 가지다. 첫 번째는 1등이 되는 순간부터 도전할 목표가 없어진다는 것이고, 두 번째는 조직이 비대해지면서 관료화되어 효율성이 떨어진다는 것이며, 세 번째는 굳이 위험이 따르는 새로운 시도를 하지 않는다는 점이다.

미국 토크쇼의 여왕 오프라 윈프리, 그녀는 항상 최고의 시청률을 올리는 비결에 대해 이렇게 말한다.

"저는 항상 넘버 10인 것처럼 노력합니다. 우리가 1등이라고 생각하는 순간, 이미 10등이 되어 버리는 것이 세상의 이치입니다. 그래서 저는 항상 10등인 것처럼 노력합니다."

케네디가의 1등 정신은 가정교육의 유명한 사례다. 케네디 대통령의 아버지 조셉 케네디는 아이들에게 1등 정신을 가르쳤다. 그는 아일랜드계 이민 2세로 미국 사회에서 겪었던 차별과 냉대를 자식들에게만은 물려주고 싶지 않았던 것이다.

그래서 조셉 케네디는 늘 자식들에게 말했다.

"어느 분야든 네가 좋아하는 분야의 일을 하라. 그리고 반드시 그 분야에서 1등을 해라. 어느 분야든 1등은 무시당하지 않는 법이다. 2등 이하는 패배일 뿐이다."

그런 교육을 받은 자식들 중에서 대통령, 법무장관, 상원의원이 탄생했다.

비운 만큼 채워진다,
'우물의 법칙'

좋은 우물은 항시 일정 수위를 유지한다. 장마철이라고 넘치지 않으며, 가뭄이 든다고 해서 마르지 않는다. 목마른 사람들이 퍼 가도 항시 일정 수준을 유지해야 한다. 쉽게 넘치고 쉽게 마르는 우물은 수원이 짧은 우물로 좋은 우물이 아니다.

재물은 흔히 우물에 비유된다. 재물이란 좋은 우물과 같아서 남에게 베푼다고 줄어드는 게 아니라, 베풀면 베푼 만큼 다시 채워지는 것이다. 그래서인지 큰 부자들은 베푸는 것에 인색하지 않았다. 반대로 베풂에 넉넉했기에 그런 큰 부富를 쌓을 수 있었다.

160

주역에도 비슷한 말이 나온다. 積善之家 必有餘慶적선지가 필유여경, 선을 베풀면 반드시 집안에 경사스러운 일이 찾아온다는 뜻이다.

조선 시대의 거상 임상옥은 그 이치를 제대로 깨달은 최초의 부자가 아니었을까. 임상옥의 정신적 스승이었던 홍득주는 임상옥에게 이렇게 말했다.

"장사는 돈을 남기는 게 아니라 사람을 남기는 것이다."

임상옥은 그 말을 일생의 신조로 삼았다. 흉년이 들면 자신의 재산을 아낌없이 내놓는 것은 물론이고 나라에 난이 일어나자, 사재를 털어 군자금을 댔다. 말년에 이르러 자식에게는 겨우 먹고살 정도의 재산만 남기고 모두 사회에 기부했다.

임상옥이 평생의 신조로 삼았던 그 말이 미국 MIT MBA 과정에서 교육 이념으로 채택되고 있다는 소식이다. 그대로 옮기면, 'Put people above profit.' '이익보다 사람을 더 중요시하라'는 말이다.

머리만으로는 큰 부자가 되지 못한다. 돈에 대한 원칙과 나름의 철학이 있어야 한다. 조선 시대 300년 동안 최고의 부자였던 경주의 최부자는 부에 대한 분명한 원칙과 철학을 가진 부자였다.

최부자는 자식들에게 진사 이상의 벼슬을 하지 말라는 가훈을 남겼다. 일단 돈을 가지면 권력도 가지고 싶은 것이 인간의 욕심이지만, 최부자는 이를 가훈으로 금지했다. 그래서 9대 진사, 12대 1만 석의 재산을 이어 온 명문가가 될 수 있었다.

당파 싸움이 만연하던 조선조, 높은 벼슬을 하면 당파 싸움에 휩쓸리지 않을 수 없을 것이고 일단 그 싸움에 말렸다 하면 부는 물론이고 멸문지화를 당하는 것도 시간 문제였다. 12대는 고사하고 2~3대도 유지하기 어려웠을 것이다. 그래서 높은 벼슬을 하지 말라는 가훈을 남긴 것이다.

부자로서의 철학을 좀 더 돋보이게 하는 대목은 1만 석 이상은 거두지 말라는 것과 사방 일백 리에 굶는 사람이 없도록 하라는 내용이다. 1만 석이 넘는 곡식은 모두 종사자들과 가난한 이웃에게 나눠줬다. 1만 석 이상은 모두 사회에 되돌려 주라는 철학이 역설적으로 12대 동안 부를 유지할 수 있었던 철학이었다.

큰일을 하는 사람에게는 이런 원칙, 철학이 있는 법이다. 미국에서는 기부자들을 'Rain Maker'라고 부른다. 비를 내려 주는 사람이라는 의미다. 땅아 갈라지는 가뭄에, 아니면 뜨거운 여름날에 한줄기 시원하게 소나기를 쏟아 주는 것에 비유하는 말이다.

미국의 큰 부자들은 모두 확고한 기부 철학을 가지고 있다. 록펠러, 카네기, 포드 그리고 근자에 들어 빌 게이츠, 워런 버핏, 조지 소로스 등이 모두 기부왕들이다. 이들 중 자동차왕 헨리 포드를 제외하고는 모두 유대인들이다. 이들의 기부는 사회에서 번 돈을 사회에 돌려준다는 의미도 되지만, 유대인들에게 기부는 오랜 종교적 전통이기도 하다.

그중에서 좀 더 돋보이는 사람은 워런 버핏이다. 그가 사회를 위해 써달라고 내놓은 돈은 전 재산의 85%인 370억 달러, 그것도 자신의 이름으로 재단을 만들어 생색을 내는 게 아니라 자신이 영향력을 행사할 수 없는 빌 게이츠 재단에 일임한 것이다. 빌 게이츠라면 사심 없이 좋은 일에 쓸 수 있을 것 같아서였다고 한다.

좀 더 기특한 것은 그의 자녀들이다. ABC 방송에 출연한 맏딸 수전은 아버지의 기부 소식을 들었을 때, 어떤 생각이 들었느냐는 진행자의 질문에, "그런 엄청난 돈을 자식에게 물려준다면 그야말로 정신이 나간 짓이다."라며 아버지의 결정에 박수를 보냈다.

8대를 이어 온 유럽의 명문 **로스차일드가**도 기부 문화에 적극적이다. 영국, 프랑스, 스위스 등 유럽 전역에 영향력을 미치고 있는 로스차일드가는 의료시설, 공공주택, 고아원,

각종 문화예술 후원 등으로 명성을 유지하고 있다.

우리나라의 기부 문화는 아직 초보 단계다. 미국이나 유럽의 명문가들이 대부분 큰 기부자들이라는 점과 사뭇 대비된다. 일부 편견을 가진 사람들 중에는 미국에서는 상속세가 무거워 재산의 대부분을 상속세로 낼 바에야 기부하면서 생색을 내는 것이라는 시각도 없지 않다.

그러나 이는 틀린 시각이다. 상속세를 내느니 기부하겠다는 사람이 없지는 않을 것이나 빌 게이츠나 워런 버핏의 경우에는 그렇지 않다.

미국에서 상속세 폐지 반대 운동을 펼치고 있는 단체의 회장이 빌 게이츠의 아버지 게이츠 시니어이며, 빌 게이츠나 워런 버핏 모두 여기에 소속된 열렬한 반대 운동가들임을 상기하면 이해가 될 것이다. 빌 게이츠는 기회가 있을 때마다 그런 아버지를 존경한다고 밝히고 있다.

자선은 영어로 Charity와 Philanthropy 두 가지가 있다. 두 단어 모두 우리말로는 '자선'으로 번역되지만 뉘앙스에 있어서는 다소 차이를 보인다.

Chrity가 가난한 사람들을 돕는 선행 정도의 뉘앙스라면 Philanthropy는 좀 더 높은 차원의 자선이다. 전자가 단지 가난한 사람들을 돕는 것이라면 후자는 특정 분야의 인재를 키우도록 장학금으로 기부하거나 대학, 도서관, 병원 등을 짓고 박물관, 미술관, 콘서트홀, 오페라홀 등을 건립하여 기증하는가 하면 환경 운동, 사회단체 등에 기부하여 공공의 복리 후생에 기여하는 자선이다.

우리나라의 기부 문화가 아직 Charity 수준이라면 미국이나 유럽 명문가들의 기부는 Philanthropy에 해당된다. 큰 부를 이룩한 사람들은 Philanthropy를 통해 비운 사람들이다. 비운 만큼 채워지리라는 것이 '**우물의 법칙**'이다.

강점을 뒤집으면 약점,
'다윗의 법칙'

싸움의 기본은 나의 강점으로 적의 약점을 치는 것이다. 나에게 A, B 두 개의 무기가 있다고 하자. 물론 A가 훨씬 더 위력적인 무기다. 이랬을 때, 무조건 A를 전략 무기로 택해서는 안 된다. 적의 약점이 무엇인지 먼저 살피라는 것이다. 적의 약점을 치기에 A 보다 B가 더 적합하다면 B를 전략 무기로 취해야 한다.

그러면 적의 약점은 무엇인가? 어디에 있는가?

대부분은 적의 강점 자체가 약점이다. 성경에 다윗과 골리앗의 싸움 이야기가 나온다. 소년 다윗이 거인 골리앗에 맞서 싸우려 하자, 주위 사람들이 말렸다. 기골이 장대한 천하장사를 소년 다윗이 상대하기에는 상대가 너무 크다Too big to win는 것이었다.

그러나 소년 다윗은 골리앗의 강점을 뒤집어 해석했다. 골리앗은 몸집이 크고 행동이 느리기 때문에 자신의 돌팔매를 도저히 피할 수 없을 것Too big to miss이라고 생각했다.

목동 출신으로 양떼를 습격하는 이리들을 돌팔매 하나로 물리치는 솜씨였으니, 거대한 몸집에 동작까지 느려 터진 골리앗이 자신의 돌팔매를 피할 수 없다고 생각했던 것이다.

그래서 다윗은 사울이 건네주는 갑옷과 칼을 버리고 개울가로 가서 단단한 차돌 다섯 개를 주머니에 넣고 골리앗에게로 다가갔다. 그리고는 돌팔매 하나로 골리앗을 쓰러뜨렸다. 만약 다윗이 갑옷과 칼로 무장하고 나갔더라면 골리앗에게는 잽도 안 되는 싸움이 되었을 것이다.

다윗과 골리앗의 싸움은 전형적으로 적의 강점을 무력화시키고 나의 강점을 살린 전략이었다. 적의 강점을 뒤집으면 약점이 된다. 이것을 '다윗의 법칙'이라고 부른다.

반대로 나의 약점을 뒤집으면 강점이 된다. 유명인들 중에는 약점을 뒤집어 강점으로 바꾼 사례가 얼마든지 있다.

존 밀턴은 실명한 가운데 구술로 《실낙원》을 썼으며, 역사가 사마천이 《사기》를 쓴 것은 당시로서는 치욕적인 궁형을 당하고 나서였다.

베토벤은 청각이 멀었으면서도 합창단을 지휘하고 불멸의 교향곡 제9번을 남겼으며, 알렉산더 대왕은 곱사등이였으며, 나폴레옹과 셰익스피어는 절름발이였고, 루즈벨트 대통령은 평생 휠체어를 타야 하는 소아마비였다.

키가 작았던 나폴레옹은 이렇게 말했다.

"땅에서 재면 내 키가 정말 작지만, 하늘에서 재면 내 키가 아주 크다."

당대의 사람들을 한번 보자. 스티븐 호킹은 전신 장애인 루게릭병을 앓고 있으면서도 세계적인 물리학자가 되었고, 니콜라스 콘스탄티누스는 시각 장애인의 한계를 극복하고 세계적인 피아니스트가 되었다. 그는 시각 장애라는 사실이 조금 불편할 뿐이라고 말한다.

오래전 우리나라를 방문한 적도 있는 캐나다의 크레티앵 총리는 왼쪽 안면 근육이 마비된 장애인이다. 그래서 그는 말을 잘하지 못한다. 항상 말해야 하는 정치인에게는 치명적인 약점이다. 그렇지만 그는 29세에 정계에 입문하여 16년간 주요 요직을 두루 거치고 나서 총리가 된 입지전적인 인물이다.

그는 유세에서 이렇게 말했다.

"저는 말을 잘하지 못하지만 대신 거짓말도 하지 못합니다."

말을 잘하지 못하는 것은 반대로 뒤집으면 거짓말도 하지 못한다는 절묘한 반전이 된다. 유권자들은 그의 솔직한 면에 오히려 환호했다.

우리나라 인물도 있다. 7년간 부시 행정부에서 차관보로 활동했던 강우영 박사, 그는 중학교 1학년 때 축구공에 맞아 시각을 잃고 장애인이 되었다. 이런 절망 속에서도 미국으로 건너가 피츠버그 대학에서 교육학 박사 학위를 취득해 한국인 최초의 시각 장애인 박사가 된 입지전적 인물이다.

그후 장애인 재단을 운영하면서 백악관 사회봉사부문 자문위원과 백악관 국가장애위원회 정책차관보를 지냈다. 장애인과 이민자라는 두 가지 핸디캡을 극복하고 미국 주류 사회에서도 우뚝 선 사람이다.

그의 사랑 이야기는 좀 더 감동적이다. 그가 실명하자, 가족들은 뿔뿔이 흩어지고 그는 맹인학교로 전학했다. 이때 장애인 자원봉사로 나온 대학 1학년생 박은옥이라는 여자를 만나게 되었다. 그녀는 그에게 책도 읽어 주고 안내도 해줬다. 처음에 그녀는 그의 처지가 너무나 딱해서 그를 뒷받침하기 위해 누나가 되었다가 나중에는 아내가 되었다. 그후 함께 유학을 떠나 지금의 강우영 박사를 키워 낸 것이다.

국내 사례를 하나만 더 보자.

소아마비 동화 작가 고정욱이다. 그는 장애를 딛고 140여 권의 동화를 썼으며, 그의 책들은 300만 부 이상 팔렸다. 돌 무렵에 소아마비를 앓아 장애인이 되었고, 성균관 대학 국문과를 나와 동화 작가가 된 것이다. 70만 부 이상이 팔린 그의 동화책 《가방 들어주는 아이》는 바로 자신의 경험담을 쓴 동화였다.

그는 말한다.

"저에게 동화를 쓰라고 장애인이 되었나 봐요."

익숙하지만 낯설다,
'뷰자데 이론'

일을 하는 데에는 두 가지 방식이 있다. 기존의 검증된 방식을 답습하는 것과 탐험적인 방식으로 새로운 접근을 시도하는 것이다.

기존의 검증된 방식은 어느 정도의 성공이 보장되는 안전한 방식이다. 하지만 기존의 방식은 단기적으로는 안정적이지만 장기적으로는 성장이 약하다. 반면 탐험적인 방식은 단기적으로는 실패할 가능성이 높지만 장기적으로 보면 혁신으로 이어질 가능성 또한 높다.

전자의 방식으로는 남을 뒤따를 수는 있지만 남을 능가할수는 없다. 그래서 1등이 되려는 자는 반드시 남들이 하지 않

171

는 새로운 방식으로 접근해야 한다.

여기서 '뷰자데Vu jade'라는 이상한 용어가 생겨났다. 뷰자데는 '데자뷰Deja vu'를 거꾸로 쓴 조어다. 데자뷰란 '처음 접하지만 낯설지 않은 느낌'을 가리키는 심리학 용어다. 처음 만나는 사람, 처음 접하는 상황이지만 언젠가 만났던 사람, 접했던 상황으로 느껴진다는 것이다.

그러면 이를 반대로 뒤집은 '뷰자데'는 늘 접하는 익숙한 상황이지만 처음 접하는 것처럼 낯설게 보는 것이다. 여기서 아이디어가 나온다.

'낯설게 하기'는 원래 문학, 예술 이론으로 출발하여 지금 여러 분야로 확산되고 있는 **신사고 이론**이다. 러시아의 슈클로프스키가 예술 창작 이론으로 처음 사용하기 시작한 낯설게 하기는 일상적으로 접하는 익숙한 상황도 어린아이가 세상을 보듯 낯설게 바라보라는 것이다.

바닷가나 숲속에 사는 사람들에게 파도 소리나 바람 소리는 전혀 새로울 게 없다. 어쩌면 잊어버리고 지낼지도 모른다. 일상적으로 대하는 사람도 마찬가지다. 그런 상황에서는 새로운 것이 나올 수 없다. 낯설게 하기는 익숙한 세계를 낯선 시각으로 보면서 다시 구성하는 것이다.

톨스토이의 소설 《홀스토메르》에서는 동물의 입장에서 사람을 보고 있으며, 올레샤의 소설 《질투》에서는 사물의 입장에서 나를 바라본다. 주요섭의 소설 《사랑방 손님과 어머니》는 어린 딸 옥희의 시각으로 사랑방 손님과 어머니 사이의 성인 감정을 그려내고 있다.

　이처럼 기존의 익숙한 것들도 낯선 시각으로 바라보면 무궁한 상상력과 아이디어가 나온다는 것이다.

원님 덕에 나팔 분다,
'후광 효과'

불교나 기독교 성화에서 둥근 빛이 인물을 감싸고 있는 모습을 볼 수 있을 것이다. 이 빛으로 인해 그 성물^{聖物}은 훨씬 더 성스럽게 느껴진다. 이런 빛을 후광이라고 부른다.

사회학이나 심리학에서는 어떤 대상을 평가할 때, 그 대상의 어느 한 측면의 특성이 다른 특성들에도 영향을 미치는 경우를 '**후광 효과**'라고 부른다. 기업체에서 신입사원을 뽑을 때, 명문 대학 출신은 일도 잘할 거라고 믿는 것과 같다. 그래서 일류 대학 출신들은 자신의 능력 이상으로 후한 점수를 받는 것이다. 이것이 후광 효과다.

기업이 좋은 성과를 내면 그 CEO의 리더십은 실제 이상으로 평가되며, 직원 역시 유능하다는 평가를 받기가 쉽다.

J.F. 케네디의 동생들은 대통령 형의 후광으로 쉽게 정치적인 입지를 굳힐 수 있었으며, 43대 대통령 부시 역시 41대 대통령을 지낸 아버지 부시의 후광을 입은 경우다.

전문가나 유명인을 내세워 후광을 입는 일도 있다. 마젤란이 세계 일주 계획서를 들고 국왕을 알현할 때였다. 마젤란은 그 자리에 유명한 지리학자 루이 파레이로를 대동했다. 이것이 결정적으로 국왕 카를로스의 마음을 움직였다.

유명 브랜드에도 강력한 후광 효과가 따른다. 샤넬이 발랄한 여성 의류로 명성을 날리자, 같은 이름을 딴 향수 역시 세계적인 상품이 되었다. 루이비통이 그러하고 프라다가 그러하다. 특정 브랜드를 부착한 하나의 상품이 유명해지면 그 브랜드를 부착한 향수, 시계, 액세서리 등으로 확산되는 것이 마케팅에서의 후광 효과다.

전형적인 예로 애플의 제품 디자인과 브랜딩 전략이다. 애플 제품은 세련된 디자인으로 유명하기 때문에 휴대폰, 노트북, 심지어 액세서리까지 모든 제품을 직접 테스트하지 않았음에도 품질이 우수하다고 생각하는 경우가 많다.

김연아 선수가 올림픽에서 금메달을 땄을 때, 그 덕을 톡톡히 본 것은 주식회사 '대한민국'이다. 나라의 격이 그만큼 높아졌다는 의미다. 김연아의 후광 효과는 금액으로 따지면 수천억에 이를 것이라는 평가다.

미국 프로야구 메이저 리그에서 50-50클럽을 달성하면서, 148년 역사상 최초 대기록을 작성한 일본의 오타니 쇼헤이는 말할 것도 없다.

'내가 그의 이름을 불러 줬을 때, 그는 나에게로 와서 꽃이 되었다.'

김춘수의 시, 〈꽃〉의 첫 구절이다. 처음부터 존재했던 꽃이지만 내가 그의 이름을 불러 줬을 때, 비로소 진정한 꽃으로 다가온다는 의미다.

천냥 빚을 만드는 말 한마디,
'최소량 곱셈의 법칙'

'최소량의 법칙'을 세상사에 적용할 때, 가장 적절하게 비유되는 것은 서비스 분야다. 다소 차이는 있겠지만 서비스 분야는 대략 친절, 신속, 매너, 예의, 교양, 청결 등의 요소로 구성되어 있다.

최소량 법칙에 의하면 특정 업체의 이미지는 그중에서 가장 나쁜 요소 하나에 의해 결정된다. 아무리 다른 요소들이 만족스러워도 어느 하나가 엉터리면, 그 하나에 의해 그 업체의 이미지가 굳어진다.

전화를 받는 직원 한 명의 이미지가 기업의 이미지를 결정하고, 일선 창구 직원 한 명의 친절이 은행의 이미지를 결정하게 된다는 것이다. 이때 전체적인 이미지는 각 요소의 합이 아니라 곱에 의해 결정된다. 즉 Image=A+B+C가 아니라 Image=A×B×C라는 것이다. 그중 어느 하나의 요소가 '0' 점을 받으면 전체가 '0'이 되는 것이다. 이것이 **최소량 곱셈의 법칙**'이다.

한 나라의 품격이나 경쟁력도 여기에 해당된다. 선진국은 경제력 외에도 사회적 자본이라고 불리는 여러 요소들이 균형을 이룰 때, 비로소 될 수 있는 것이다.

국가의 품격은 초기에는 물질적 자본이 기초가 되지만 다음에는 개인의 능력을 중시하는 인적 자본으로, 다시 사람과 사람과의 관계를 중요시하는 사회적 자본으로 중심이 옮겨진다. 사회적 자본이란 도덕심, 법질서, 신뢰도, 노사관계, 부정부패, 기업윤리 등 공동체가 상생하기 위해 필요한 요소들을 말한다. 한마디로 국가의 품격과 신뢰를 나타내는 지수다.

우리나라의 경우 경제력은 선진국 문턱에 와 있다지만 사회적 자본은 선진국 수준에 크게 미치지 못하는 것이 현실이다. 우리나라의 사회적 자본 수준은 선진국의 중간 정도에 머물고 있다.

OECD 자료에 의하면 우리나라는 법질서 준수를 10점 만점으로 할 때 선진국 8점에 비해 4점, 부정부패는 선진국 8점에 비해 3점 수준이다. 아마도 노사관계나 정치인의 의식 수준을 지수화한다면 훨씬 더 부끄러운 결과가 나오지 않을까 싶다.

여의도 정치권에서 도란도란 나라 일을 토의하는 장면은 아직 한 번도 보지 못한 것 같다. 주먹다짐은 보통이고, 조폭도 사용하지 않는 쇠사슬과 해머와 전기톱까지 등장하는 한 나라의 국격이 온전할 리 없다.

이런 빈약한 사회적 자본 때문에 세계적인 상품을 다수 보유하고 있으면서도 전체적인 국가 브랜드 이미지는 경제력에 크게 미치지 못하는 수준이 아닌가 생각한다.

뛰어야 제자리, 앞으로 나아가려면 2배 빨리!
'붉은 여왕의 법칙'

아이들이 좋아하는 영화 중 하나가 팀 버튼 감독이 연출한 〈이상한 나라의 앨리스〉다. 이 영화는 〈아바타〉에 이어 3차원 3D 입체 영상과 CG의 환상적인 조합을 통해 영화의 판타지 세계관을 완벽하게 구현해냈다.

어린 시절부터 불가능을 꿈꾸던 앨리스는 19살이 되어 한 연회에 갔다가 꿈에서 봤던 조끼 입은 토끼를 보게 된다. 호기심에 토끼의 뒤를 쫓던 앨리스는 토끼굴 속으로 빠져 이상한 나라로 가게 되고, 그곳에서 희한한 일들을 겪는다.

거기에 이런 장면이 나온다. 앨리스가 숨을 헐떡이며 달렸다.

앨리스가 말했다.

"우리나라에서는 이렇게 열심히 달리면 어딘가에 도착하게 돼요."

그러자 붉은 여왕이 호통을 쳤다.

"이런 느림보 같으니. 여기서는 이렇게 달려야 겨우 제자리야. 어딘가에 닿으려면 2배는 더 열심히 달려야 해."

그 세계에서는 앨리스와 붉은 여왕도 달리지만 주위의 사물도 함께 달리고 있다. 그래서 아무리 달려도 그 자리만 맴돌 뿐이다. 옆으로 움직이는 에스컬레이터를 반대로 타면 움직이는 속도만큼 달려야만 제자리걸음을 할 수 있는 것과 같은 이치다.

이 작품은 아이들에게 즐거운 상상력을 주기 위해 쓴 동화이지만, 오히려 '적자생존의 법칙'이 지배하는 현대 사회를 설명하기에 안성맞춤이 되었다.

사람들은 모두 나름대로 열심히 달린다. 그러나 주위를 둘러보면 자신은 그 자리에서 맴돌거나 뒤처져 있기 일쑤다. 나도 달리지만 다른 사람들은 더 열심히 달리기 때문이다.

영양과 얼룩말이 살고 있는 아프리카 초원에는 치타도 함께 살고 있다. 치타가 살아남기 위해서는 최소한 둘 중에서 하나를 잡을 수 있을 정도로 진화해야 한다. 반면 영양이나 얼룩말의 입장에서는 치타보다 더 빨리 달릴 수 있도록 진화해야 한다. 그렇지 못하면 누군가는 지구에서 사라져야 한다.

지금까지 지구에 존재했던 생명체의 90%가 멸종했다. 개별적인 종의 입장에서는 나름대로 열심히 달린다고 달렸지만 주위의 경쟁자들이 더 빠른 속도로 달려 생존 경쟁에서 낙오하고 만 것이다.

기업 경쟁은 더 치열하다. 21세기 기업 경쟁을 일컬어 무한 경쟁이라고 표현한다. 여기서 살아남고 남보다 앞서려면 '**붉은 여왕의 법칙**'대로 2배는 더 열심히 달려야 할 것이다.

가지 많은 나무가 번창한다!
'250명의 법칙'

미국의 전설적인 자동차 판매왕 조 지라드라는 사람이 있
다. 그는 기네스북에 12년 동안 연속 판매왕 자리에 올랐다.
아버지는 이탈리아에서 이민 온 가난뱅이로 탄광촌에서 잡
역부로 일하는 주정뱅이였다. 아버지의 술주정과 구타에 못
이겨 고교를 중퇴한 그는 구두닦이로 처음 일을 시작했다. 그
후 35세까지 40여 가지의 직업을 전전하면서 실패에 실패를
거듭했다.

도둑질하다가 유치장에서 지낸 적도 있고, 도박판을 운영
하다가 경찰에 적발되어 벌금을 낸 적도 있으며, 건축업에 손
을 댔다가 사기를 당해 한순간 모든 것을 잃은 적도 있었다.

그러다가 자동차 판매에 뛰어들어 전설적인 대기록을 세우게 되었다.

지라드의 세일즈 전략은 '250명의 법칙'이었다. 그에 따르면 보통 한 사람의 결혼식이나 장례식에는 250명 정도가 방문한다고 한다. 이것은 사람이 평생을 살면서 250명 정도 친밀한 인간관계를 맺는다는 것을 의미한다. 또 하나, 일반적인 사회인의 경우 일주일 동안에 만나는 사람들의 숫자 역시 250명 정도라고 한다.

즉 어떤 사람이라도 자신의 주위에 있는 250명에게는 영향력을 미칠 수 있다는 이야기다.

이렇게 가정해보자. 한 명의 고객에게 최고의 서비스와 만족감을 준다면, 만족한 고객이 가진 나에 대한 좋은 감정은 약 250명에게 전달된다. 그 반대도 마찬가지다. 한 명의 고객이 불만을 가진다면, 250명의 잠재 고객을 잃을 수 있다. 그는 단 한 명의 고객에게도 최상의 서비스를 제공하는 방식으로 250명의 잠재 고객을 확보해나갔다.

지라드는 거래 이후를 더욱 중요하게 관리했다. 한 번 거래한 고객에게 지속적으로 연락하며 관계를 유지했다. 그러면서 자신의 고객으로 만들어갔다. 이를 위해 지라드는 일주일에 약 300통 정도의 우편을 발송했다. 거래를 성사한 고객에게 보내는 감사 편지다. 이것은 세일즈에서 애프터서비스의 중요성을 입증하는 첫 번째 사례가 되었다.

이는 2000년도에 등장한 마케팅 기법, 'CRM customer relationship management'과 맥을 같이한다. 바로 고객의 정보를 최대한 수집하여 고객의 Needs와 Wants를 꾸준히 파악하고 재구매를 유도하는 것이 공통점이다.

그는 현재 현역에서 은퇴하여 '세일즈 트레이닝 스쿨'을 운영하고 있지만 하루 평균 6대라는 그의 기네스 기록은 여전히 깨지지 않고 있다. 그가 쓴 책의 제목이 바로《250명의 법칙》이다.

차선을 선택할 수밖에 없는 이유?
'게임 이론과 균형 이론'

게임 이론의 창시자 폰 노이만은 프린스턴 대학을 거쳐 프린스턴고등연구소, 미 공군의 싱크탱크인 랜드연구소 등에서 일한 20세기 천재 수학자였다. 그가 세상에 남긴 것은 게임 이론과 디지털 컴퓨터 그리고 핵무기에 대한 수학적 연구였다.

폰 노이만은 모든 게임에서 합리적인 선택이 있는지 알고 싶었다. 여기서 나온 것이 '**게임 이론**'이다. 게임 이론은 두 사람 간의 게임에서 어느 한 사람에게 최선이 되는 것이 상대방에게는 최악일 수 있다는 '**제로섬 이론**'의 가정을 깔고 있다. 노이만은 게임 이론의 사례로 죄수의 딜레마를 들었다.

범죄 조직원 두 명이 체포되었다. 경찰은 이들의 죄를 입증할 자백이나 물증이 없다. 그러자 경찰은 두 명이 의사소통을 할 수 없도록 분리하여 심문한다.

여기서 경찰은 이들의 자백을 이끌어내기 위해 달콤한 유혹이 담긴 협상을 제안한다. 일종의 파우스트적인 제안이다. 두 사람 모두를 이렇게 유혹하는 것이다.

'만약, 동료의 죄를 증언해주면 너는 무죄 석방, 동료는 10년형이다. 하지만 두 사람 모두 죄를 인정하면 죄에 합당한 징역 5년씩이다. 둘 다 묵비권을 행사하면 범죄가 입증된 다른 죄목으로 징역 1년씩이다.'

이들 모두 침묵을 지켜 징역 1년씩을 받는 것이 가장 합리적이지만 그럴 경우에는 징역 10년인 최악의 상황이 올 수도 있다. 그러나 이기적인 선택을 한다면 석방되거나 징역 5년이다. 결국 이들은 석방의 가능성도 남아 있고, 징역 10년의 최악도 피할 수 있는 배신을 선택하게 된다.

이 이론을 한발 더 발전시킨 것이 존 내쉬의 **'균형 이론'**이다. 내쉬는 프린스턴 대학에서 〈비협조적 게임〉이라는 논문으로 박사 학위를 받았다.

노이만의 게임 이론이 제로섬 게임이었다면, 내쉬의 논문은 비제로섬 게임에서의 게임의 해_解를 다룬 내용이었다. 여러 사람이 참여하는 비제로섬 게임에서 게임 해로써 균형의 개념을 제안하고, 그것이 항상 존재함을 증명하는 내용이었다.

그러다가 그는 한창 명성을 날릴 즈음에 정신분열증을 앓게 되었고, 후에 극복하고 일어서 균형 이론으로 1994년에 노벨 경제학상을 받기에 이른다. 그의 극적인 삶을 다룬 영화가 〈뷰티플 마인드〉였다.

내쉬는 균형 이론에서 경제학의 창시자 애덤 스미스의 '보이지 않는 손'을 허구라고 매도했다. 애덤 스미스에 의하면 경제 주체 모두가 자신에게 가장 이익이 되는 방향으로 노력하면 전체의 이익은 증가한다. 그러나 내쉬는 모두가 이기적인 행동을 선택했을 때는 최악이 될 수도 있다며, 이를 반박하고 있다.

이것을 영화 〈뷰티플 마인드〉에서는 술집에서 금발 미인 하나를 두고 벌이는 게임으로 비유했다.

금발 미인을 얻는 한 사람을 제외하고는 모두가 불행해진다. 아니, 어느 누구도 금발 미인을 얻지 못할 수도 있다. 금발 미인에게 다가갔다가 퇴짜를 맞고 다른 여자에게 다가간다면, 자존심이 상한 다음 여자로부터도 퇴짜를 맞을 것이다.

결국 모두에게 가장 현명한 방법은 하나의 최선을 두고 서로 경쟁하기보다는 차선을 선택하는 것이다. 좀 덜 예쁜 여자들과 짝이 된다면 모두가 만족할 수 있다. 최고에 대한 미련만 버린다면 모두를 위한 선택이 되는 것이다. 이것을 수학적으로 증명한 것이 내쉬의 균형 이론이다.

두 기업이 경쟁하고 있다고 하자. 여기서의 최선은 나 혼자만 광고해서 시장을 독점하는 경우다. 광고비가 비싸지만 시장을 독점하면 이를 커버하고도 남는다. 차선은 두 기업 모두 광고하지 않고 시장을 적절히 나눠 가지는 경우다.

최악은 상대만 광고해서 시장을 독점하는 경우다. 차악은 두 기업 모두 광고하고 줄어든 이익으로 만족하는 것이다.

이랬을 때의 선택은 결국 '차악'이 된다는 것이다.

빈대 잡으려고 초가삼간 태운다,
'풍선 효과'

경제학에 **'풍선 효과'**라는 용어가 있다. 하나의 문제를 해결하기 위해 어떤 조치를 취하면 그 문제는 해결될지 모르지만, 거기에서 또 다른 문제가 불거져 나온다는 의미다. 팽팽한 풍선의 어느 한 쪽을 누르면 반대편이 불거져 나오는 것과 같은 이치다.

우리 논의 새를 쫓으면 새는 이웃 논으로 날아가 다시 벼를 쪼게 된다. 전체적으로 보면 새를 쫓으나 쫓지 않으나 결과는 마찬가지라는 것이다. 얼마 전 충북 괴산군에 멧돼지 사냥 허가가 나자, 이웃 증편군의 인삼밭이 쑥대밭이 되었다. 멧돼지들이 사냥꾼을 피해 증편군으로 몰려온 것이다.

미국에서 음주 금지법을 시행할 때였다. 음주가 금지되자, 술은 음지로 숨어들었고 술값은 몇 배로 올랐다. 그러자 한계 계층에서는 비싼 술을 사기 위해 범죄가 늘어났다.

풍선 효과에 의하면 어떤 경제 정책을 강제로 시행하면 이 처럼 부작용이 나타나고, 보호하려는 계층의 이익을 오히려 해치게 되는 경우가 많다. 학부모들의 부담을 줄여 주기 위해 과외 교습을 단속한다고 하자. 그러면 과외는 음지로 숨어들 어 과외 비용은 더욱 높아질 것이다. 위험 수당이 붙기 때문 이다.

가격 통제 역시 마찬가지다. 프랑스혁명 당시 일당 독제 체 제를 확립한 로베스피에르는 우윳값이 비싸다고 엄마들이 시위를 하자, 우윳값을 동결했다. 그리고 나서는 우유 가격을 인상한 목축업자를 단두대로 보냈다. 그러자 목축업자들이 낙농을 포기하고 업종을 전환하여 우유는 품귀 현상을 빚었 다. 서둘러 외국에서 우유를 수입하게 되었다.

하지만 엄마들은 기존의 가격보다 10배나 비싼 가격으로 우유를 구입해야 했다.

남미에서 좌파 정권이 서민 위주의 정책을 펼 때였다. 소고 기 가격이 오르자, 소고기 가격을 동결하고 수출도 금지했 다. 그러자 농민들은 수익이 나지 않는 소의 사육을 접었고,

소고기 가격은 2배 이상 뛰었다.

특정 지역의 집값을 잡겠다고 가격을 통제하면 건설업자들은 더 이상 집을 짓지 않게 된다. 그리하여 집값은 더욱 뛰어오른다.

1970년대 중국에서 있었던 이야기다. 마오쩌둥이 지방을 시찰하던 중 참새들이 아까운 벼를 쪼는 것을 보고는 대대적인 참새 잡기 운동을 벌이라고 지시했다. 그리하여 참새들의 개체가 대폭 줄어들었다.

하지만 이듬해에는 병충해가 창궐하여 더 큰 피해를 입었다. 천적인 참새가 사라지자, 벼농사를 해치는 해충이 들끓기 시작한 것이다. 이런 것이 풍선 효과다.

사촌이 땅을 사면 왜 배가 아플까?
'외부 효과와 님비'

'외부 효과'는 한 경제 주체의 행위가 긍정적이든 부정적이든 다른 경제 주체에게 영향을 미치는 현상을 가리키는 말이다. 그러나 외부 효과는 긍정적인 효과를 낳더라도 대가를 받지 않으며, 부정적인 효과를 낳더라도 대가를 치르지 않는 경우를 말한다.

한 지역에 대형 할인점이 들어서면 이와 경쟁관계에 있는 동네 소매점들은 손해를 보게 된다. 그 동네의 소매점들이 문을 닫으면 주민들은 더 먼 곳으로 쇼핑을 가야 하는 불편이 따른다. 그러나 이 손해에 대해서는 누구도 보상해주지 않는다.

공장이 들어서는 경우에는 두 가지 효과가 동시에 나타날 수 있다. 공장에서 내뿜는 공해 물질은 도시에 부정적인 영향을 끼치지만, 반대로 일자리를 얻을 수 있다는 긍정적인 효과를 동시에 가져온다.

경제 주체 모두에게 이익이 되는 일도 없지 않다. 약국 주변에 병원이 들어서거나 병원 주변에 약국이 들어설 때에는 모두에게 이익이 된다.

과수원 주변에 양봉업자가 나타났다고 가정해보자. 과수원 주인은 벌의 도움으로 더 풍성한 열매를 맺게 되어 좋고, 양봉업자는 밀원蜜源이 가까워서 더 많은 꿀을 딸 수 있게 되어 서로에게 이익이 된다. 그러나 어느 누구도 상대방에게 경제적인 대가를 지급하지는 않는다.

이런 외부 효과는 사적인 '**경제 주체**'들만의 문제가 아니다. '**공적 주체**'와 '**사적 주체**' 간에도 일어난다.

마을에 4차선 도로가 개설되고, 지하철역이 들어오고, 근린공원이 형성되면 생활도 편리해지고 집값도 오르게 된다. 이 경우에는 주민 누구도 반대하지 않는다.

이번에는 공공의 이익과 사적인 이익이 충돌하는 경우를 보자. 쓰레기 매립장, 화장장, 핵폐기물 처리장, 장애인 시설 등은 어딘가에는 꼭 있어야 할 시설들이다. 이것이 공적인 이익이다.

그러나 이 시설들이 들어서는 해당 지역에는 집값이 떨어지는 등의 부정적인 외부 효과가 나타난다. 그래서 지자체들은 어딘가에는 필요할지 몰라도 우리 지역에만은 안 된다며 반대하는 것이다.

이런 현상을 **님비 현상**이라고 부른다. 님비NIMBY는 'Not in my back yard'의 약자로 지역 이기주의를 가리키는 말이다. 이것은 현재 전국적으로 문제가 되고 있다.

이 문제의 해결 방법은 진지한 타협뿐이다. 후생 경제학자 피구는 이의 해결 방법으로, 반사적으로 이익을 얻는 계층으로부터 세금을 거두어 피해를 입는 계층에 보상해주라는 처방을 내리고 있다.

뿌린 만큼 못 거둔다?
'수확 체감의 법칙'

19세기 경제학자들의 고민 중 하나는 '늘어나는 인구를 농업 생산이 뒷받침해줄 수 있을 것인가' 하는 문제였다. 농지 면적은 제한되어 있는데, 인구는 빠르게 늘어나고 있는 현상에 대한 고민이었다.

식량 생산을 늘리기 위해 취할 수 있는 조치는 노동력 투입을 늘리는 것이었다. 그러나 한정된 경작지에 노동력을 2배로 투입해도 생산력은 2배로 늘어나지 않았다.

예를 들어 두 사람이 농사를 지어 100을 수확했을 때, 그 두 배인 네 사람이 농사를 지었지만 수확량은 200이 아니라 160밖에 나오지 않더라는 것이다. 여기서 농부 1인당 생산성은 50에서 40으로 줄어든다.

'<u>수확 체감의 법칙</u>'이란 이처럼 농지 면적이 일정할 때, 노동력 투입을 늘려 나가면 절대 수확량은 어느 선까지 증가하지만 1인당 생산성은 점점 더 감소한다는 법칙이다. 그러다가 임계치에 이르면 추가적인 노동력을 투입해도 전체 생산량은 그 자리에 머물게 된다. 이를 '<u>한계 생산성 체감의 법칙</u>'이라고 부르기도 한다.

이 문제는 프랑스의 튀르고에 의해 처음 제기되어 '<u>토지 수확 체감의 법칙</u>'으로 명명되었고, 후에 리카도와 맬서스 등이 이 이론을 계승했다.

수확 체감에 대한 개념이 처음 제기된 시점으로 거슬러 올라가보면 초기의 경제학자들이 이에 대해 얼마나 염려하고 있었는지 알 수 있다. 리카도와 맬서스는 19세기 잉글랜드에서 토지가 한정되어 있기 때문에 수확 체감이 일어나는 것이라 생각했다.

농업의 생산량을 증가시키려면, 경작 면적을 늘리거나 기존의 토지에서 좀 더 집중적인 생산 수단을 사용할 필요가 있다. 어느 쪽으로 진행하든 농업 생산량을 향상시키는 데 드는 비용이 점점 커지기 때문이다.

결국 농업 생산량의 증가가 인구 증가를 따라잡지 못하게 될 것이라고 예측했다. 인구 증가의 속도가 토끼라면 식량 증가의 속도는 거북이 걸음이었으니, 인류는 굶주림에 직면할 수밖에 없을 것이라고 전망했다.

그러나 이 이론은 토지의 면적이 고정되어 있고, 농업 기술의 발달 역시 고정되어 있다고 가정했을 때의 추론이다.

20세기 이후 종자의 개선, 비료와 농업 기술의 발달, 농기구의 발달 등으로 1인당 생산성은 획기적으로 늘어났다. 지금 동일한 면적의 토지에서 생산되는 산출량을 100년 전의 그것과 비교하면 엄청난 차이가 난다.

결국 수확 체감의 법칙은 생산에 필요한 요소들이 고정되어 있고, 어느 한 요소만 추가로 투입했을 때에만 타당한 법칙이라는 것이다.

왜 사람들은 모두 윈도우즈를 사용할까?
'수확 체증의 법칙'

20세기 후반 무렵부터는 수확 체감의 법칙 대신 이의 반대 개념인 **'수확 체증의 법칙'**이 받아들여지고 있다.

사실 수확 체감의 법칙이 전혀 틀린 것은 아니다. 당시로서는 농업 기술이 이렇게 발달하리라고는 상상도 못했으니 비관적인 전망을 했을 만도 하다.

제조업으로 대표되는 산업 사회에서도 자원을 많이 쓰는 초기에는 수확 체감의 법칙이 적용되었다. 하지만 첨단 산업으로 대표되는 현대 사회에서는 더 이상 유효하지 않는다.

음반을 예로 보자. 처음 한 장의 음반을 만들기 위해서는 많은 돈이 들지만, 그다음 음반부터 소요되는 비용은 초기 비용에 비하면 거의 무시해도 좋을 정도로 미미하다.

이것이 수확 체증의 법칙, 혹은 '**한계 생산량 증가의 법칙**'이다. 가장 대표적인 것이 마이크로소프트의 컴퓨터 운영 체제인 도스와 윈도우즈일 것이다. 사실 도스나 윈도우즈가 가장 좋은 프로그램이어서 시장을 석권한 것은 아니다. 먼저 시장을 선점했고, 많은 사람이 사용하다 보니 그쪽으로 몰린 것뿐이다.

실제로 OS2라는 운영 체제가 있었다. 윈도우즈보다 안정성이 훨씬 우수한 프로그램이었다. 그러나 사람들은 사용자가 더 많은 윈도우즈로 몰렸다.

논의를 좀 더 확장시켜보자. 가장 완벽한 컴퓨터 운영 체제를 만들었다고 해보자. 그걸 사용하려는 사람은 누구겠는가?

아무도 없다. 왜?

혼자서는 그것을 쓸 수 있을지 모르나, 다른 사람과의 커뮤니케이션이 되지 않기 때문이다.

마이크로소프트는 개발에 5천만 달러를 투입했다. 프로그램이 든 디스크 한 장을 개발하는 데 5천만 달러가 든 것이다. 그러나 그후 디스크 한 장을 추가로 만드는 데에는 불과 3달러면 충분하다. 그러므로 소비자가 두 배로 늘어나면 기업의 이익은 2배를 훨씬 초과하게 된다.

스탠퍼드 대학의 브라이언 아서 교수는 초기의 농업이나 자연자원을 많이 소비하는 사회에서는 수확 체감의 법칙이 적용되지만 첨단 기술이나 지식을 기반으로 하는 사회, 네트워크 사회에서는 수확 체증의 법칙이 적용된다고 명쾌하게 정의했다.

미래를 지배하는 것은 지식, 정보, 네트워크기 때문이다. 미래는 초연결 지능화 시대다.

생명 주기는 S라인이다!
'시그모이드 곡선 이론'

수학 이론 중에 **'시그모이드 곡선'**이라는 게 있다. **'생명 주기 곡선'**을 가리키는 용어다. 국가든, 기업이든, 상품이든 모두가 이런 생명 주기를 가지고 있다.

이 사이클은 도입기에는 느린 속도로 움직이지만, 일단 성장 궤도에 진입하면 빠른 속도로 움직이다가, 성숙 단계에 이르면 다시 느려진다. 여기서 새로운 동력을 얻지 못하면 소멸한다.

이것을 느린 **'시작 단계**slow beginning**'**, 빠른 **'가속 단계**speed acceleration**'**라고 하며, 이후의 느린 성장 단계를 **'고지 단계**plateau**'**로 부른다. 고지 단계는 성숙기의 다른 표현이다. 시간

202

을 X축, 성장률을 Y축이라고 하면 성장 곡선은 영문 대문자 'S'를 오른쪽으로 비스듬하게 눕혀 놓은 형태를 보인다. 그래서 생명 주기 곡선을 'S곡선'이라 부르기도 한다.

생명 주기 곡선에는 두 번의 위험이 도사리고 있다. 하나는 도입기와 성장기 사이에 있는 '특이점singular point'이며, 다른 하나는 성장기와 성숙기 사이에 있는 '변곡점Inflection point'이다.

특이점이란 스위치를 On-Off 할 때처럼 사느냐, 죽느냐의 갈림길로 상품에 따라 차이가 있으나 대략 보급률 10%대를 가리킨다. 10%의 사람들이 상품을 수용할 때까지는 뜸을 들이지만 일단 특이점을 통과하면 빠르게 상승한다. 그러나 많은 상품이 여기서 소멸한다.

두 번째 위험인 변곡점은 성장기와 성숙기 사이에 존재하는 점으로 성장세가 둔화되기 시작하는 시점을 가리킨다. 이 시기에 새로운 추진력을 얻지 못하면 상품은 소멸되고 만다. 이 두 번의 위기를 넘기는 기업만이 우량 기업이 될 수 있다.

새로운 기술이나 상품이 등장해 초기 수용자들에 의해 수용되는 도입기에는 성장 속도가 아주 느리다. 그래서 처음 10%의 소비자 계층에 보급될 때까지의 시간이 10~90%의 소비자들에게 수용될 때까지의 시간과 거의 일치한다.

S자 성장 곡선이 한 줄기의 큰 획으로 그려지는 것은 아니

다. 큰 S자는 다시 여러 개의 작은 S자로 분할되어 이어진다. 여기서 기업들 간의 주도권이 바뀌는 경우가 많다.

특이점을 돌파했느냐 아니냐는 일단 손익분기점을 보면 된다. 일반적으로 순익이 발생하는 시점이 특이점이다. 따라서 특정 기업이나 상품의 성장 잠재력을 보려면 손익분기점의 매출을 보면 된다. 손익분기점을 돌파한 기업은 손익분기점 시점의 매출에서 대략 7~8배 정도의 성장 여력을 남겨 두고 있다.

주식시장에서 장기투자하는 사람들에게 필요한 것은 이제 막 10%대의 특이점을 넘어선 기업, 혹은 10%대 진입이 확실한 기업의 주식을 찾아내는 일이다. 어느 신생 기업이 5년 만에 특이점을 돌파했다는 것은 앞으로 5년 동안에 7~8배 정도 더 성장할 수 있다는 뜻이기 때문이다. 이것이 투자의 노하우다.

특이점을 지난 성장 곡선은 다시 변곡점을 지나게 된다. 변곡점이란 성장세가 둔화되어 성숙 단계로 진입하는 시점을 가리킨다. 변곡점을 찾는 방법은 성장 곡선을 미분 방정식으로 풀 경우, 접선의 기울기가 $45°$ 이하로 기울기 시작하는 시점이다. 이 시점에 새로운 동력을 창출하지 못하면 성장 곡선은 짧은 성숙기를 거쳐 소멸되고 만다.

접선의 기울기가 45°로 기우는 시점과 S곡선이 실제로 하향 커브를 그리는 시점 사이의 구간을 '**전략적 변곡점**'이라고 부른다. 이 단어는 인텔의 전 회장 앤드루 그로브가 《편집광만이 살아남는다》에서 처음 사용한 것으로 기업에서 그 시기는 성장이냐, 퇴보냐의 갈림길을 의미한다.

성장 곡선을 그래프로 그렸을 때, 오목하게 내달리던 그래프의 모양이 볼록하게 바뀌는 시점이 바로 변곡점이다. 이 시기는 위기와 기회가 동시에 기다리고 있다. 앤드루 그로브는 미국의 대형 소매업체 K마트의 몰락이나 오프라인 최대의 서점 반스앤노블의 추락, 일본 반도체업체들의 몰락도 변곡점에서 새로운 동력을 찾지 못했기 때문이라고 지적하고 있다.

"기업 경영은 타이밍이다."

앤드루 그로브가 남긴 명언이다.

실업률과 경제 성장의 줄다리기,
'오쿤의 법칙'

미국의 경제학자 오쿤이 실증적인 분석을 통해서 밝힌 실업률과 경제 성장률의 상관관계를 가리키는 법칙이다. 일반적으로 경기와 실업률은 마이너스(–)의 상관관계에 있다. 경기가 침체되면 실업자가 늘어나고, 경기가 좋아지면 실업자가 줄어든다.

오쿤은 미국의 실업률이 1% 늘어나면 경제 성장은 2.5% 감소한다는 사실을 밝혔다. 이를 **'오쿤의 법칙'**이라고 부른다. 실업률이 1% 상승할 때, 경제 성장률의 변화 정도를 **'오쿤의 계수'**라고 부른다.

그러나 이는 각국의 산업이나 고용 관행에 따라 다르다. 산업의 무게 중심이 어디에 있느냐, 해고는 얼마나 자유로우냐에 따라 차이가 난다.

제조업 중심의 국가에서는 성장과 고용의 상관성이 높지만 정보통신, 금융, 지식 산업 등으로 산업이 고도화되면 이들의 상관성은 떨어지게 된다.

1971~1998년의 우리나라는 실업률이 1% 늘어나면 GDP는 3.6포인트 감소했다. 이것은 GDP가 1% 감소하면 실업률은 0.28포인트 상승한다는 말이 된다. GDP 감소에 따른 실업률 증가는 미국이 가장 민감하고 영국, 독일이 그다음을 잇는다. 일본이 가장 낮다.

오쿤의 법칙은 산업의 구조 변화로 인해 서서히 깨지고 있다. 경기가 좋아지고 GDP가 늘어나도 고용은 이에 비례해서 늘어나지 않는다는 말이다. 시대에 따라 산업 구조가 변하고 있기 때문이다.

제조업이 위주였던 시기에는 1천억의 매출을 올리기 위해 1천 명의 근로자가 필요했지만 산업의 비중이 정보, 지식 분야로 옮겨지면서 고용 증가는 매출 증가와 일치하지 않게 된 것이다.

'세계화Globalization'도 일자리의 창출을 어렵게 하고 있는 요인 중의 하나다. 해외에 생산 기지를 두고 있는 우리나라 기업이라면, 기업 매출이 늘어나도 우리나라에서의 직원 고용은 별로 늘어나지 않는다. 대기업뿐 아니라 이제는 중소기업도 인건비가 싼 해외로 공장을 이전하고 있어 고용 없는 성장은 가속화될 전망이다.

우리나라가 최근의 경기 회복세에도 불구하고 일자리가 별로 늘어나지 않는 것은 생산 기지의 해외 이전과 산업의 고도화 때문이다. 이에 대안으로 노동 시간 단축을 통한 일자리 나누기도 제시되지만, 아직 제대로 실현되지 못하고 있다. 해외 조달이 불가능하고 고용 창출 효과가 큰 서비스업을 육성해야 할 것이다.

세상 모든 것은 변한다,
'주역의 원리'

동양에서는 음과 양 그리고 수, 화, 목, 금, 토 다섯 개의 오행으로 삼라만상을 담아내고 있다. 음과 양은 달과 태양, 그리고 오행은 태양의 궤도를 도는 다섯 개의 천체를 가리킨다. 그것으로 어떻게 복잡한 세상사를 모두 설명할 수 있느냐고 반문할지 모르겠지만 디지털 세계를 보면 쉽게 이해할 수 있을 것이다.

디지털 세계는 0, 1 두 개의 숫자로 구성되어 있다. 그 두 개의 숫자로 문자, 그림, 음악 등 세상 모든 것을 표현할 수 있는 것이 디지털 세계다.

베토벤의 음악을 파일로 보면 0, 1 단 두 개 숫자의 복잡한 조합일 뿐이다. 그것으로 아름다운 음악을 표현해내고 있다. 그리고 보면 디지털 세계는 동양의 '음양사상'에서 큰 영향을 받은 것으로 보인다.

동양의 음양사상을 최초로 접한 서양 학자는 근대 서양의 대표적인 철학자이자 수학자였던 라이프니츠였다. 마테오 리치 등의 선교사들을 통해서 동양사상을 접한 것으로 알려지고 있다.

라이프니츠는 음양사상을 접했던 흔적을 그의 논문에서 밝히고 있다. 〈이진법 산술에 관해서〉라는 제목의 논문은 '0, 1의 기호만을 사용하는 이진법의 효용 및 동양의 괘상卦象의 의미에 관한 고찰'이라는 긴 부제를 달고 있다. 이로 미루어 봤을 때, 그가 이진법으로 표현했던 가감승제는 주역의 64괘卦나 384효爻와 아주 흡사했을 것으로 추정된다. 이것이 디지털의 원시적인 모델이 되었다.

이의 논의를 좀 더 비약시키자면 0, 1로만 구성된 디지털 문명 역시 동양의 음양사상이 그 원조였을 것이다.

세상 모든 것은 변한다. 변하지 않는 것은 변한다는 사실뿐이다. 왕조도, 기업도, 이데올로기도 이 변화의 사이클을 피할 수 없다. 제1차 세계대전 이후 세계의 공장, 세계의 경찰로 떠올랐던 제2의 로마 격인 미국도 한 세기를 채우지 못하고 서서히 힘을 잃어 가고 있는 모습이다.

모든 것은 끊임없이 변하지만 변화를 보는 시각에서 동양과 서양은 차이를 보인다. 동양이 변화를 하나의 흐름, 사이클로 보는 반면 서양은 개별적인 힘, 상호간의 작용과 반작용으로 본다.

선험적 예지가 발달했던 동양에서는 계절의 변화나 달이 차고 기우는 것을 통해 변화가 우주의 본질임을 일찍 깨달았다. 이에 기초하여 변화의 이치를 파헤친 학문이 주역이다.

'**주역의 원리**'는 음과 양, 두 개의 핵심적인 요소를 가지고 변화의 이치를 담아내고 있다. 음의 기운이 다하면 양의 기운으로 변하고, 양의 기운이 다하면 음의 기운으로 변한다. 주역의 변화는 궁窮, 변變, 통通, 구久가 그 핵심이다.

첫째, 궁은 양적 변화가 극에 달한 상태다. 그리고 바로 이 상태에서 변화가 일어난다. 변화가 일어나기 위해서는 무엇이든 궁극에 이르러야 한다는 의미다.

둘째, 변은 변화가 일어나 답을 찾는 단계다. 겨울이 가고 봄이 오는 것처럼 앞이 보이지 않던 문제도 궁극에 이르면 해답이 나타난다.

셋째, 통은 새로운 국면으로 전환되어 안정을 찾는 단계다. 추운 겨울이 가고 따뜻한 봄날을 맞이하는 단계다.

넷째, 구는 평화가 지속되는 단계다. 이 단계가 되면 사람들은 언제까지나 안락이 이어질 줄 알고 관성에 젖어든다. 그리하여 다시 궁의 상태로 이어진다.

따라서 음과 양, 두 기운은 별개로 존재하는 것이 아니라 음속에 양의 기운이 숨어 있고 양 속에는 음의 기운이 숨어 있다. 이렇듯 음과 양이 직물을 짜듯이 교차하여 만들어낸 64개의 괘卦와 384개의 효爻를 가지고 세상 변화의 이치를 담아내고 있다.

기업의 경우 치열한 경쟁자를 제치고 정상에 오른 기업이 가장 위험하다. 정상에 선다는 것은 주역으로 보면 궁의 상태다. 궁이 되면 현실에 안주하거나 나아갈 방향을 잃게 되므로 가장 위험하다는 것이다.

기업 환경은 역동적으로 움직이고 있다. 시장이 변하고, 소비자가 변하고, 기술이 변하고, 무엇보다 경쟁자가 잠시도 추격의 고삐를 늦추지 않고 있다. 역동적 경쟁 상태에 놓여 있다는 의미다.

'역동적 경쟁'이란 용어를 처음 사용한 사람은 스탠퍼드 대학의 윌리엄 바넷 교수였다. 경쟁 없이 성장한 기업은 온실에서 자란 화초 같아 비바람 부는 거친 환경을 만나면 쉽게 흔들리게 된다.

바넷 교수는 블루오션에 대해 이렇게 주장했다.

"파란색이 얼마나 오래 가느냐 하는 게 문제다. 블루오션은 처음에는 효과적일 수 있지만 경쟁 기업이 뛰어들면 피 흘리는 경쟁을 벌이는 레드오션으로 금세 변하게 된다. 경쟁 없는 시장을 찾으라는 것은 연금술처럼 말은 그럴듯해도 현실에서 실현되기 어렵다."

그는 150개 기업의 40년간 실적을 살펴본 결과, 경쟁을 견뎌낸 기업이 지리적 이점 등을 통해 경쟁을 회피한 기업보다 생존율이 높다는 결론을 이끌어냈다고 밝혔다.

빛 좋은 개살구,
'레몬시장의 법칙'

  전문적인 지식이 필요한 첨단 기술 제품이나 상당한 지식과 정보가 있어야 이해할 수 있는 상품이라면 판매자와 구매자 사이에 현격한 정보의 격차가 생긴다.

  의사와 환자의 관계를 상정해보자. 가벼운 감기인 줄 알고 병원을 찾았을 때, 의사가 수술해야 하는 큰 병이라고 진단한다면 전문 지식이 없는 환자로서는 믿을 수밖에 없다. 물론 대부분 의사의 견해가 옳다고 봐야겠지만, 100% 그렇다고 단정할 수는 없다. 때로는 의료 수가를 높이기 위해 환자에게 불필요한 진단을 내리는 경우도 없지 않을 것이다.

  장의사도 그러하다. 이것저것 따지고 들 경황이 없는 소비자로서는 장의사의 말을 믿을 수밖에 없기 때문이다. 이럴 때의 소비자는 절대적으로 불리한 위치에 서게 된다.

경제학자들은 이런 상품의 대표적인 사례로 중고차시장을 든다. 중고차를 취급하는 사람은 자동차 전문가다. 몇 번 사고가 났던 차며, 지금의 상태는 어느 정도며, 결정적인 하자는 무엇인지에 대해 잘 알고 있는 사람들이다. 여기에 비해 중고차를 사려는 사람들은 자동차에 대해 거의 아무런 정보도 갖고 있지 않다. 이런 경우를 '정보의 비대칭 현상'이라고 부른다.

이런 시장에서 중고차를 구입하려는 사람들은 상당한 위험을 감수해야 한다. 잘못하면 문제 투성의 중고차를 비싼 가격에 구입할 수 있기 때문이다. 결국 정보의 비대칭이 존재하는 시장은 판매자는 도덕적 해이에 빠지고, 구매자는 상당한 위험을 감수해야 하는 시장으로 바뀐다.

A, B, C 세 종류의 중고차가 시장에 나왔다고 하자. A는 아주 상태가 양호한 중고차, B는 보통 정도, C는 여러 번 사고가 났던 불량품이다. 이런 사실을 판매자는 알고 있지만 구입하려는 사람들은 알지 못한다. 판매자는 모두를 A급 가격에 파는 것이 가장 유리하고, 구매자는 C급 가격으로 구입하는 것이 가장 유리하다.

이것을 정보를 갖지 않은 자의 **'역선택'**이라고 부른다. A급을 인지할 수 있는 능력이 없기 때문에 모두를 C급으로 매도한다는 의미다. 그리하여 중고차 가격은 판매자와 구매자의 수급 원리에 의해 중간 정도인 B급 가격으로 형성된다.

이렇게 되면 판매자의 입장에서는 B와 C급의 중고차를 평균 가격에 팔면 정상적이지만, A를 평균 가격에 팔아서는 손해가 나게 된다. 그러면 A급의 중고차는 중고차시장 대신 주위의 잘 아는 사람들 사이에서 개별적으로 거래되어 중고차시장은 서서히 C급 중고차로 넘치게 된다는 것이다.

이러한 현상을 노벨 경제학상 수상자인 버클리 대학의 에컬로프 교수는 **'레몬시장'**이라고 명명했다. 레몬은 겉모양만 그럴싸할 뿐 시어서 먹지 못하는 과일이기 때문이다. 우리말로 번역하자면 '빛 좋은 개살구'가 된다.

금융시장도 마찬가지다. 복잡한 금융 상품, 그중에서도 고등 수학을 동원해야 이해할 수 있는 정교한 파생 상품에 대해 일반인들은 거의 알지 못한다. 그러면 금융시장은 결국 엉터리 상품들로 넘치게 된다.

미국에서 일어난 금융 위기의 원인도 이런 금융 상품에서 비롯된 것으로 봐야 한다. 그래서 상품 정보는 일반인들이 쉽게 알 수 있도록 적나라하게 공개되고 비교되어야 한다. 생명

보험의 약관처럼 중요한 내용을 읽기 힘든 작은 글자로 쓴 보험에는 분명 숨기는 무언가가 있다는 것이다.

1990년대 후반, 미국에서 있었던 일이다. 어느날부터인가 생명보험 가격이 경쟁적으로 하락하기 시작했다. 가격이 하락할 특별한 요인이 있는 것도 아니었다. 건강보험, 자동차보험, 주택보험 등 다른 분야는 별다른 변화가 없었다.

이것의 요인을 제공한 것은 바로 인터넷이었다. 1990년대 중반부터 동종의 웹사이트들을 비교해주는 서비스가 생겨나면서 소비자들이 보험 상품들을 한눈에 발가벗기듯이 비교할 수 있게 된 것이다.

그러자 비싼 가격에 나쁜 조건으로 충분한 정보와 지식이 없는 소비자들을 등치던 보험회사들이 서둘러 조건을 변경시켰던 것이다. 이로 인해 소비자들은 연간 10억 달러나 절약할 수 있게 되었다.

조금 모자란 듯 심플하게,
'단순함의 법칙'

세계적인 그래픽 디자이너이자 비주얼 아티스트인 MIT 대학의 존 마에다 교수는《단순함의 법칙》에서 디지털 시대의 성공 키워드로 단순함을 들었다. 그는 복잡한 상품의 기능을 소비자에게 가장 잘 전달하는 방법이 단순화라고 역설한다. 또 그것이 가장 아름답다.

그는 자신의 디자인 철학을 단 한 줄로 적고 있다.

"Less is more!"

조금 모자란 듯이 비워둔 여백, 그것이 훨씬 더 많은 상상력을 줄 수 있다는 것이다. 마에다 교수가 주창하는 단순함은 극단적인 단순함이 아니라, 기본에 충실하면서도 군더더기를 없애는 것을 의미한다.

경영에서도 '단순함의 법칙'은 그대로 적용된다. 스티브 잡스의 사례를 보자.

자신이 설립했던 회사 애플에서 쫓겨나 유랑생활을 하다가 다시 돌아와 망해가던 애플을 기적처럼 회생시킨 그의 화두는 단 하나, '우아한 단순함'이었다. 애플사 수입의 절반을 차지할 정도로 성공을 거둔 그의 회심작 아이팟은 바로 이 우아한 단순함을 테마로 디자인된 상품이었다.

20세기 후반에 혜성처럼 나타나 움직이지 못하는 거대 난파선 GE를 살려낸 잭 웰치의 처방도 단 한 줄이었다.

"1등, 2등만 남기고 모두 처분하라!"

전쟁이나 기업 경영에 있어서도 핵심, 문제의 본질이 있다. 몽골족을 통일한 칭기즈칸이 세계 정복에 나섰을 때 몽골의 인구는 200만 명 남짓, 동원할 수 있는 병력은 최대 13만 명 정도였다.

그 정도의 병력으로 역사상 가장 넓은 땅을 차지한 것은 칭기즈칸이 싸움의 핵심을 꿰뚫고 있었기 때문이다. 칭기즈칸은 당시 싸움의 핵심을 기동력으로 봤다. 칭기즈칸이 평소 가장 소중히 여기던 교훈도 유목 민족이 살아가야 할 지침인 기동력과 관련된 내용이었다.

"성을 쌓는 자는 반드시 망할 것이며, 끊임없이 이동하는 자만이 살아남을 것이다."

몽골족의 일파인 돌궐족의 명장이자 재상이었던 돈 유쿠크의 가르침으로, 이는 몽골의 수도 울란바토르 외곽에 있는 돈 유쿠크의 무덤에 묘비명으로 새겨져 있다. 칭기즈칸이 가장 애송하던 문구였다.

기동력이 2배 빠르면 전력은 몇 배로 증가될까?

속도가 2배면 전투력은 그 제곱인 4배, 3배가 빠르면 전력은 9배로 늘어난다. 몽골 군대는 말에다 흰 음식과 붉은 음식을 두 덩어리 싣고, 반달 칼을 차고, 어깨에 활만 메면 며칠 동안 말에서 내리지 않고도 싸울 수 있다. 붉은 음식이란 말린 고기며 흰 음식이란 말 젖으로 가공한 요구르트다.

이에 비해 이들과 맞서 싸우는 군대는 전투원보다 보급 부대원의 숫자가 더 많은 느려 터진 군대였다. 그랬으니 칭기즈칸의 군사들이 말달리는 속도로 밀고 들어갈 수 있었던 것이다. 칭기즈칸이 성을 쌓고 안주하지 말라고 그렇게 타일렀지만, 후손들은 화려한 궁궐을 짓고 그 안을 금은보화와 미녀들로 채우기 시작했다. 그러다가 유목 민족의 정체성이 흔들리면서 100년을 채우지 못하고 다시 북방 초원으로 쫓겨나고 말았다.

전략은 언어로 표현된 심플한 하나의 원칙이고, 전술은 상황과 상대의 반응에 따라 유연하게 움직이는 방법론이다. 전략이 장기적이라면 전술은 단기적이며 동적인 것이다. 개구리가 더 멀리 뛰기 위해 움츠리는 것처럼 전술은 필요에 따라서는 전략과 반대로 움직일 수도 있어야 한다.

앞으로 나아가기 위해 옆으로도 가고, 때론 후진도 해야 한다. 약자일수록 전술이 유연해야 하며, 그중에서도 가장 유연해야 하는 것은 '**게릴라 전술**'이다.

전략과 전술의 본질적인 차이, 접근 방법을 공산혁명을 완성한 마오쩌둥의 사례에서 보자.

그의 목표는 중국의 공산 통일이었다. 1937년 일본의 만주 침략으로 협조관계를 보였던 장제스(장개석)의 국민당과 마오쩌둥의 공산당은 1945년 일본군 철수 이후 본격적인 대립관계로 돌아섰다. 군사의 수는 370만 대 120만으로 공산당이 절대 열세에 있었다. 무기나 지원 물자의 격차는 말할 것도 없었다.

국민당의 압박이 조여 오자, 마오가 이끄는 공산당은 남부의 장시성과 푸젠성 일대의 근거지를 버리고 서북부의 오지인 산시성으로 옮겨 갔다. 그들이 등짐을 지고서 일 년에 걸쳐 걸은 거리는 무려 9,600km, 이른바 대장정이었다. 그러나 이것이 마오에게는 승리에 대한 확신과 그에 필요한 전략을 수립할 수 있는 새로운 계기가 되었다.

행군하는 동안 마오는 농민의 마음을 얻지 못하면 결코 승리할 수 없다는 것을 깨달았다. 그리하여 그가 입안한 통일 전략은 단 한 줄이었다.

"농촌의 민심을 얻어 도시를 포위해 승리한다."

이를 위해 마오의 군대는 농민들에게 소금 한 톨 신세 지지 않았다. 부패한 국민당 군대와는 아주 대조적이었다. 대부분 농촌 출신으로 구성되었던 마오의 홍군이었기에 귀족 엘리트로 구성된 국민당 군대와의 극명한 차별화가 가능했던 것이다.

일본군이 물러나고 본격적인 내전이 시작되었다. 마오는 여기서 열여섯 글자로 다듬은 전술을 시詩처럼 읊조렸다. 홍군의 기본 전술이었다.

적진아퇴敵進我退, 적이 전진하면 우리는 후퇴한다.

적주아교敵駐我擾, 적이 주둔하면 우리는 교란한다.

적피아타敵避我打, 적이 피로하면 우리는 공격한다.

적퇴아추敵退我追, 적이 달아나면 우리는 추격한다.

시인이기도 했던 마오는 기본 전술을 사자성어로 이루어진 열여섯 글자로 정리했다.

1948년 10월이 되자, 봉천을 함락시킨 홍군은 11월에는 서주까지 손에 넣었다. 그러자 위기를 느낀 국민당의 장제스는 마침내 대만으로 철수하게 된다. 이것이 마오쩌둥의 통일 전략과 전술의 원형이다.

전략은 심플해야 하며, 전술은 이처럼 유연해야 한다.

망설임이 안개처럼 사라진다,
'펭귄 효과'

남극 사진을 보면 펭귄들이 바닷가 빙산 위에 길게 늘어서 있는 장면을 쉽게 접할 수 있을 것이다.

왜 그럴까? 무엇을 기다리는 것일까?

먼저 펭귄들의 삶을 보자. 남극에 서식하는 펭귄들은 겨울이 올 무렵에 짝짓기를 한다. 그들의 짝짓기는 특이한 행태를 보인다. 먼저 오모크라 불리는 은밀한 짝짓기 장소로의 이동이다. 펭귄들은 길게 무리를 이루어 며칠 동안 오모크로 향한다.

같은 날 같은 장소에 모인 펭귄들은 암수가 한쌍을 이루어 짝짓기를 하고 알을 낳는다. 펭귄은 일 년에 한 개의 알만 낳

224

는다. 가혹한 환경에서 그 이상 키울 수 없기 때문이다.

알을 낳은 암컷은 수컷에게 알을 넘기고 먹이를 구하러 바다로 나간다. 영하 60도의 혹한 속에서 아버지 펭귄이 겪는 고통은 눈물겹다. 수컷은 알을 자신의 발 위에 올려놓고서 털로 덮어 부화시킨다. 새끼가 알에서 깬 다음에도 수컷은 잠시도 새끼를 얼음 위에 내려놓지 않고 품어서 키운다.

알에서 깨어난 펭귄은 수컷 펭귄이 토해주는 먹이를 먹으며 자란다. 새끼를 키우는 동안 수컷 펭귄은 아무것도 먹지 않는다. 오직 새끼만 먹이면서 암컷이 먹이를 구해올 때까지 기다리는 것이다. 그러는 동안 수컷의 체중은 절반 정도로 줄어든다.

남극에서도 가장 추운 겨울에 알을 낳고 부화를 하는 이유 역시 자식에 대한 배려다. 알에서 깨어난 새끼는 6개월 정도 자라면 부모 곁을 떠나는데, 먹이를 구하기가 쉬운 여름철에 떠나도록 하려는 배려인 것이다.

한편 알을 낳고 탈진한 암컷은 먹이를 찾기 위해 바다로 나간다. 먹이를 찾아 바닷가로 나가지만 그들의 천적인 바다사자가 물속에 숨어서 펭귄이 물속으로 뛰어들기만을 기다리고 있다. 그래서 펭귄들이 바닷가에 횡대로 줄을 지어 길에 늘어서 있는 것이다.

그러다가 배고픔을 참지 못한 한 마리가 먼저 물에 뛰어든다. 먼저 뛰어든 펭귄은 대부분 바다사자의 먹이가 되고 만다. 그리고 나면 나머지 펭귄들도 기다렸다는 듯이 물속으로 뛰어든다. 바닷속으로 뛰어든 펭귄 암컷은 우선 자신의 굶주린 배를 채운 다음, 먹을 수 있는 데까지 먹이를 먹는다. 수컷과 새끼 펭귄에게 먹이를 주기 위해서다.

암컷이 늦게 돌아오거나 돌아오지 않으면 수컷과 새끼는 굶어 죽고 만다. 그래서 자식에게 가장 헌신적인 아버지상을 펭귄의 부정父情에 비유한다.

마케팅에서도 '펭귄 효과'라는 것이 있다. 전혀 새로운 개념의 상품이 나올 경우, 누군가 먼저 구입하기를 기다린다. 그러다 한 사람이 먼저 구입하면 너도나도 따라서 구입하는 행태를 가리키는 말이다.

펭귄 효과는 한국 소비자들에게 특히 강하게 나타나는 것 같다. 미국 사람들은 성능을 보고, 독일 사람들은 내구성을 보고, 프랑스 사람들은 디자인을 보지만 한국 사람들은 눈치를 본다는 말이 있을 정도다.

첨단 유행을 타는 분야나 하루가 멀다고 새로운 제품이 나오는 디지털 상품에서 특히 그러하다. 첨단 신제품이 쏟아질수록 소비자들의 구매는 지연되기 쉽다. 이른바 '구매 지연 효과`다.

마케팅 컨설턴트인 제프리 무어는 그 이유를 'FUD'로 표현하고 있다. Fear, Uncertainty, Doubt의 머리글자다. 너무 튀지 않을까, 구입해놓고서 무용지물이 되지나 않을까, 구입하자마자 더 나은 기능의 신제품이 나오지 않을까, 내가 구입하고 나면 가격이 내리지 않을까 등의 이유에서다.

그러나 이런 망설임도 다른 사람이 그 제품을 구입하면 안개처럼 사라진다. 특히 그 사람이 주위 사람이거나 유명인이면 더욱 그러하다. 이런 현상을 펭귄 효과라고 부른다.

100을 이끄는 20의 힘,
'파레토의 법칙'

'파레토의 법칙'은 일반인들에게 '80:20의 법칙'으로 더 잘 알려져 있다. 경제학자이자 사회학자인 파레토는 토리노 대학에서 수학과 물리학을 공부했으며, 피렌체 대학에서는 철학과 정치학을 공부했다.

이런 학문적 배경을 가지고 그는 경제 현상들을 수학적으로 분석하는 여러 편의 논문을 썼다. 이것을 인정받으면서 그는 한계 효용설로 유명한 레옹 발라의 뒤를 이어 스위스 로잔 대학의 경제학 교수가 되었다.

파레토의 관심은 소득 분배에 있었다. 파레토는 역사적으로 어느 사회나 일관된 형태의 분배 법칙이 존재한다는 것을 입증하려고 했다. 즉 흉년이 들어도 상위 계층 20%의 곳간은 가득차 있으며, 하위 80%는 굶주림에 시달리게 된다. 반대로 풍년이 들어도 하위 20%의 곳간은 비어 있더라는 것이다.

사람들은 파레토를 80:20의 법칙을 발견한 사람 정도로 기억한다. 그렇지만 그는 이런 불평등을 해소하기 위해서는 경제학이 아니라 사회학적으로 접근해야 한다며, **후생경제학**의 초석을 놓은 위대한 경제학자다.

어떤 특정 개인을 남보다 더 후대하는 상황에서는 사회 자원의 최적 분배가 이루어질 수 없다는 '파레토 최적'이라는 개념을 통해 현대 후생경제학의 초석을 놓은 것이다.

파레토의 법칙이 설득력이 있는 것은 이것이 자연의 모습과 흡사하다는 점에 있다. 공기 중의 질소와 산소의 비율이 78:22로 이에 근접한다. 지구상의 바다와 육지의 비율, 육지 중에서 산과 평지의 비율도 이와 흡사하다. 정사각형에 내접하는 원을 그릴 경우, 사각형의 넓이에서 원의 넓이를 뺀 값은 원 넓이와 78:22의 비율을 이룬다. 사실 80:20의 법칙은 78:22의 변형이라고 봐야 할 것이다.

여기서 파레토의 법칙은 사회 현상을 설명하는 중요한 이론으로 자리잡기 시작했다. 이를 기업에 적용해보면 10가지

상품을 시장에 내놓고 있는 기업이 10억의 매출을 올렸을 때, 모든 상품이 고르게 1억씩 매출을 올린 게 아니라 2개의 대표 상품이 전체 매출의 80%를 차지한다. 반면 나머지 8개 상품은 매출의 20%에 그친다.

은행 예금의 80%는 20%의 사람들이 예치한 돈이며, 백화점이라면 20%의 핵심 고객들이 전체 백화점 매출의 80%에 기여한다는 의미다.

이 법칙이 마케팅에 적용되기 시작하면서 기업, 특히 유통업체들은 핵심이 되는 상위 20%의 고객을 집중적으로 관리하기 시작했다. 그것이 곧 'VIP 마케팅'이다.'

어떻게 아마존은 반스앤노블을 이겼을까?
'긴 꼬리의 법칙'

인터넷 세상이 열리면서 파레토의 법칙은 깨지기 시작했다. 일반적인 오프라인 가게라면 20%의 핵심 고객이나 아이템이 매출의 80%를 차지하지만, 인터넷 쇼핑몰에서는 비핵심 소비자와 비핵심 아이템들이 주축을 이룬다.

세계 최대의 오프라인 서점인 반스앤노블은 미국 전역에 500개가 넘는 대형 매장을 가진 반면 아마존은 매장 하나 없는 인터넷 서점이다. 말하자면 아마존과 반스앤노블은 다윗과 골리앗인 셈이다.

처음 아마존이 서비스를 시작할 때, 반스앤노블은 코웃음을 쳤다. 남의 창고를 빌려서 컴퓨터 한 대 놓고 무얼 하는 거냐는 비웃음이었다. 그러나 10여 년이 지나자 두 서점의 운명은 엇갈리고 말았다.

반스앤노블은 전체 매출의 80%가 20%의 단골손님들에 의한 베스트셀러 위주로 구성되어 전형적으로 '파레토의 법칙'이 적용된다. 반면에 상권의 개념이 없는 아마존은 소수의 단골이 아닌, 세계 각지에 흩어져 있는 수많은 자투리 고객이 주문하는 일반 도서와 희귀 도서의 매출이 상위 절반 정도를 차지한다.

아마존에서의 구입 패턴을 다차원 좌표상에 그릴 때 X에 아이템, Y에 누적 매출을 표시하면 마치 긴 꼬리의 동물이 옆으로 누워 있는 듯한 모습을 보인다. 미국의 저술가이자 편집자인 크리스 앤더슨은 이 같은 현상을 설명하면서 '긴 꼬리의 법칙'으로 명명했다.

요약하자면 오프라인 매장에서는 파레토의 법칙이 적용되지만 공간이나 상권 개념이 없는 인터넷에서는 모래처럼 흩어져 있는 자투리 고객과 이들이 찾는 자투리 상품들이 모여 큰 산을 이룬다는 것이다. 이를 '역파레토 법칙'으로 부르기도 한다.

이 두 기업의 싸움은 시간이 흐를수록 아마존에 유리하게 된다. 우선 장서량에서 비교가 되지 않는다. 반스앤노블이 갖

출 수 있는 책은 13만 권 정도지만, 아마존은 무려 230만 종
의 책을 갖추고 있다.

오프라인 서점의 경우 매출 상위 1만 권 중에서 분기에 한
권 이상 판매되는 책은 절반이 되지 않는다. 그러나 인터넷 서
점에서는 상위 10만 권 가운데 98%가 분기에 한 권 이상 판
매되는 것으로 집계된다.

이러한 현상은 인터넷 검색업체 구글이나 음악 서비스업체
아이튠즈 등 인터넷 기반에서 성공한 기업에서 공통적으로
발견된다. 애플의 아이튠즈가 서비스하는 100만 곡들은 적
어도 분기에 1번씩은 판매되고 있다.

그만큼 인터넷 기반의 비즈니스에서는 히트 상품의 비중이
낮아지고, 다양성을 바탕으로 비즈니스가 이루어진다는 의
미다.

수요는 빠르고 공급은 느리다,
'거미집 이론'

농산물 가격은 몇 년을 주기로 폭락과 폭등을 반복한다. 경제학적으로 보면 수요, 공급이 다른 분야에 비해 비탄력적인데다 공급에는 다시 더 많은 시간이 걸리기 때문이다. 여기에는 경제학적인 3가지 요인이 잠재해 있다.

먼저 수요의 측면을 보자.

농산물에 대한 수요는 비탄력적이다. 우리나라 사람이라면 배춧값이 올랐다고 해서 김치를 먹지 않을 수는 없을 것이다. 고추, 마늘 등도 마찬가지다. 여기서 공급이 부족해지면 김치는 금치가 된다.

경제학적으로 가격을 내릴 방법은 공급을 늘리는 것이다.

그러나 김치, 고추, 마늘 가격이 올랐다고 해서 당장 공급을 늘릴 수 없다. 재배에 시간이 걸리기 때문이다.

다음으로 공급 측면을 보자.

한 해 농산물 가격이 오르고 나면 이듬해 농민들은 다투어 농산물 재배 면적을 늘리게 된다. 그러면 과잉 생산이 되어 농산물 가격이 폭락한다. 가격 폭락을 막는 방법은 수요를 늘리는 것이지만, 가격이 낮아진다고 해서 농산물에 대한 수요가 크게 늘어나는 것은 아니다. 쌀값이 내렸다고 해서 한 끼에 밥량을 두 그릇으로 늘지는 않을 것이기 때문이다.

마지막으로 기상 이변이다.

기상 이변으로 농산물 가격은 폭락과 폭등을 거듭하는 구조적인 문제를 안고 있는 것이다. 이는 어느 나라나 마찬가지다. 여기서 '**거미집 이론**'이 나온다.

1단계에서 가격이 폭락하면 수요는 크게 늘어나 '낮은 가격 높은 수요'에서 거래가 형성된다. 그러면 2단계에서는 가격이 오르고 수요는 줄어들어 '높은 가격 낮은 수요'에서 거래가 형성된다. 이런 과정을 반복하며 거래가 형성되는 점을 선으로 이어 가면 마치 거미집 모양과 흡사하게 된다. 이 이론은 미국의 계량경제학자 M.J. 에치켈과 레온티예프 등에 의해 규명되었다.

가격의 변동에 대응하여 수요는 비교적 빠르게 반응을 보이지만 공급은 반응에 일정한 시간이 필요하기 때문이다. 그리하여 수요와 공급의 균형 가격은 시간차Time lag로 말미암아 다소간의 시행착오를 거친 후에야 형성된다.

　거미집 이론이 적용되는 분야로는 농산물이 대표적이지만 사실, 부동산처럼 공급에 시간이 걸리는 분야는 모두 여기에 해당된다고 볼 수 있다.

　학문 분야를 거미집 이론으로 설명하는 학자들도 있다. 거미집의 어느 한 쪽에서 일어난 성과가 다른 한 쪽에까지 영향을 미친다는 의미에서다.

조직을 다루는 기술,
'WXYZ 이론'

조직은 특정 목적을 달성하기 위한 다양한 사람들의 모임이다. 조직이 커지면 조직의 효율성을 재고하기 위해 사람들을 어떻게 다뤄야 하는가에 대한 문제가 제기된다.

가장 널리 알려진 이론이 맥그리거의 'X 이론'과 'Y 이론'이다. 그는 1960년 《기업의 인간적 측면》에서 인간의 특성을 두 가지로 분류하고 있다.

① 인간은 원래 게으르고 일하기 싫어하며 책임감이 없는 X형 부류가 있고, ② 일하기 좋아하고 책임감도 있으며 일을 통해 성취감을 얻는 Y형 부류가 있다. 그는 X형 인간은 저차원 욕구가 개인을 지배하며, Y형 인간은 고차원 욕구가 개인

을 지배한다고 가정한다.

X형 부류를 움직이게 하는 동기는 대체로 저차원 수준의 욕구, 즉 생리적 욕구와 안전의 욕구 수준에 머무르고 있기 때문에 이들에게는 당근과 채찍을 적절히 사용해야 한다는 주장이다.

X 이론에 철저한 사람은 자동차왕 헨리 포드였다. 1914년의 어느 추운 겨울날, 그는 자동차 생산 공장 근로자의 임금을 일당 2.34달러에서 5달러로 2배 이상 인상한다고 발표했다. 그러자 다음 날 아침, 공장 정문에는 믿을 수 없을 만큼의 구직 인파가 줄을 섰다. 그러자 기존의 근로자들은 직장에서 쫓겨나지 않으려고 더욱 열심히 일했다. 그 결과 생산성이 그 이전보다 훨씬 더 높아졌다. 이것이 전형적인 **당근과 채찍 이론**이다.

Y형 부류에게는 구성원들을 인간적으로 대하고 고차원의 동기부여와 성취감과 비전을 제시해주는 것이 중요하다. 맥그리거는 Y 이론에 좀 더 무게를 두고 있다.

리더가 X형으로 직원들을 다루면 직원들은 시키는 일만 하게 되고, 게으르고 무능해진다는 것이다. 반면 동기를 부여해주고 성취감을 맛볼 수 있게 해주면 Y형 인간으로 바뀔 수 있다는 주장이다.

Y형 관리의 성공 사례로 미국에서 가장 빠르게 성장한 사우스웨스트 항공을 들 수 있다. 사우스웨스트 항공은 도시 간의 출퇴근이나 출장이 잦은 사람들을 대상으로 하는 저가 항공사다. 세계를 주름잡았던 팬아메리칸월드 항공, 이스턴 항공, 아메리카웨스트 등은 모두 회사가 해체되거나 몰락하여 경영진과 함께 역사의 뒤안길로 사라졌다.

9.11테러의 여파로 아메리칸 항공과 유나이티드 항공이 위기를 맞고 있는 가운데, 사우스웨스트 항공은 승승장구하며 47년 연속 흑자를 기록하고 있다. 사우스웨스트 항공 주식의 시가총액은 180억 달러로 다른 항공사들의 그것을 전부 합친 것보다 훨씬 크다.

사우스웨스트 항공의 경영 비법은 Y 이론에 기반을 두고 있다. 사람들은 사우스웨스트 항공에는 노조가 없는 것으로 생각하지만 사우스웨스트 항공은 노조 가입률이 가장 높은 항공사다. 다만 노사 분규가 없을 뿐이다.

사우스웨스트의 창업자 허브 켈레허는 30년간 경영을 맡아오면서 인간관계의 신뢰를 앞세운 경영을 했다. 팬아메리칸월드 항공 등 다른 큰 항공사의 직원들은 조종사, 승무원, 지상 요원 등이 각기 자기 분야의 일만 하고 항공기 운항 전반에 대해선 나 몰라라 한다. 하지만 사우스웨스트 항공에서는 모든 직원이 일체감을 갖고 서로 협력한다.

경영진은 노조를 동반자로 여긴다. 가정과 직장을 엄격히 분리하는 보통 미국 기업과 달리, 직원의 가족을 회사의 가족으로 생각하는 인간 경영을 했다. 해고도 없었다.

이 항공사는 모든 임직원이 목표를 공유하고, 상호 신뢰를 바탕으로 하는 인간관계를 구현하고 있다. 오직 인적 자원에 승부를 걸었다. 전형적인 Y형 인간 관리였다. 이것이 오늘의 사우스웨스트 항공을 있게 한 요인이다.

여기서 다시 'Z 이론'이 등장한다. Z 이론의 Z은 미국의 윌리엄 오우치 교수가 제창한 것으로, 일본 기업들의 높은 생산성을 연구하면서 일본 특유의 집단 경영 방식을 Z 이론이라고 불렀다.

윌리엄 오우치는 일본 기업과 미국 기업의 생산성 격차가 양국의 문화적 특성이나 행동 방식상의 차이, 기업 조직 및 경영 관리 방식의 차이에서 기인하는 것으로 설명하고 있다.

오우치가 파악하고 있는 일본 기업 조직의 가장 큰 특징은 종신 고용과 이로 인한 소속감과 일체감, 충성심, 자발적 헌신 등이었다. 일본 기업의 그러한 소속감, 동료들과의 친밀감이나 협동 의식이 높은 생산성을 가져왔다는 것이다. 일본의 경영 방식을 미국에 적용하자는 것이 Z 이론의 핵심이다.

한편 한국 특유의 기업 문화를 'W 이론'이라고 부른다. 서울대 이면우 교수가 주창한 W 이론에서 그는 한국인을 움직이는 가장 큰 동인으로 '신바람'을 들었다. 한국인은 신바람만 불어 넣어 주면 못할 일이 없다는 것이다. 지금 기업, 스포츠, 예술 등 여러 분야에서 무섭게 떠오르고 있는 한국인의 위상이 바로 신바람의 결과라는 것이다.

따라서 그는 외국의 설익은 이론을 도입하느라 낭비와 비능률을 초래하지 말고, 신바람 나는 직장을 만들어주라고 말한다. 이 신바람을 불러일으키기 위해서는 경영자나 사회 지도층이 나서야 한다는 주장이다.

인구는 줄었는데, 왜 공무원 수는 자꾸 늘까?
'파킨슨의 법칙'

영국의 경제학자 파킨슨은 제2차 세계대전 당시 해군에서 근무하면서 조직의 비효율성을 생생하게 목격했다. 그가 주목한 자료는 1914년부터 1928년까지 영국 해군의 인력 구조 변화였다.

1914년 제1차 세계대전 당시 해군 장병의 숫자는 14만 6천명, 군함은 62척, 그리고 해군 본부의 공무원 숫자는 2,000명이었다. 그리고 14년 후인 1928년에는 해군 장병과 군함이 각각 10만 명, 20척으로 줄었지만 공무원의 숫자는 오히려 5,569명으로 늘어나 있었다.

다음으로 그는 식민성 공무원의 숫자를 조사해봤다. 1935

년의 영국 식민성 직원은 372명이었지만, 1954년에는 1,661 명으로 늘어났다. 관리할 식민지가 줄었는데도 식민성 직원은 5배나 늘어나 있었던 것이다.

그는 공무원의 숫자는 업무량과 관계없이 계속 늘어난다고 결론지었다. 여기서 '파킨슨의 법칙'이 탄생했다.

1955년 런던 이코노미스트에 발표한 글에서, 그는 이렇게 적고 있다.

'Work expands so as to fill the time available for its completion(일은 그것을 처리하는 데 쓸 수 있는 시간만큼 늘어나기 마련이다).'

그 요인은 크게 두 가지, 하나는 자신의 승진을 위해 불필요한 부하 직원의 숫자를 지속적으로 늘리기 때문이며, 다음으로는 공무원들이 일거리를 만들어내기 때문이라는 것이다.

파킨슨은 또 700년의 역사를 가진 영국 내각의 효율성을 연구하면서, 내각의 구성원 숫자가 20명을 넘으면 급격히 효율성이 떨어진다고 결론지었다. 20명이 넘으면 몇 개의 집단으로 나뉘어져 싸우기 시작한다는 것이다.

그가 공직 사회를 더욱 신랄하게 꼬집은 내용은 "예산 심의에 필요한 시간은 예산액과 반비례한다."라는 것이었다. 예산이 적을 때는 온갖 이론을 다 동원하여 타당성을 따지지만,

예산이 많은 분야일수록 대충대충 넘어가는 것이 공무원 사회라는 비판이었다.

이는 우리나라도 예외가 아니다. 역대 어느 정권이든 출범 초기에는 공무원 숫자를 줄여 간소한 정부, 효율적인 정부를 만들겠다고 약속하지만 임기가 끝날 때는 어김없이 공무원 숫자가 늘어나 있다.

어느 기업인이 쓴 글이 생각난다. 그는 시골의 '면' 단위에서 태어나 유년 시절을 보내고, 서울로 올라와 성공한 기업인이 되었다. 훗날 그는 고향 면사무소를 방문했다가 깜짝 놀랐다고 한다. 자신이 살던 당시보다 인구가 절반 정도로 줄었는데도 공무원 숫자는 2배 이상 늘어나 있었던 것이다.

기업을 웃게 만드는 비법,
'스마일 커브의 법칙'

기업의 운용 프로세스는 연구-개발-제조-마케팅-사후 관리의 순서로 이어진다. 즉 R&D-디자인-제조-마케팅-사후 관리 순서다.

이 중에서 가치 창출의 핵심 단계가 어디냐 하는 것이 문제다. 제조업을 중심으로 하던 산업 사회에서는 프로세스의 중심부에 해당되는 제조가 가치 창출의 핵심이었다.

그러다가 산업이 소프트화되고 지식 경제 체제로 이행되면서 가치 창출의 핵심은 프로세스의 앞부분인 R&D, 디자인, 원천 기술, 핵심 부품, 소프트웨어, 콘텐츠 분야에서 프로세스 뒷부분에 해당되는 마케팅, 서비스 등으로 옮겨 가게 된다. 그리하여 중심부인 제조가 가장 가치 창출이 낮아지게 된다는 이론이다.

이의 형태가 알파벳 U자를 닮았다고 하여 'U자 이론'으로 부르기도 하고, 미소 짓는 모습과 같다고 하여 '스마일 커브 이론'으로 불리기도 한다.

이의 대표적인 사례가 IBM이다. IBM은 초기 메인 컴퓨터 제조 판매로 정상에 오른 기업이었다. 1980년대가 되면서 컴퓨터 산업의 주역은 서서히 PC로 옮겨 갔다.

'무어의 법칙'대로 반도체 용량이 18개월마다 2배씩 늘어나면서 장난감에 불과하다던 PC가 메인 컴퓨터를 서서히 대체해가고 있었다. 그러나 IBM은 여전히 메인 컴퓨터의 마력에서 벗어나지 못했다. 그것이 과거의 성공 방정식이었기 때문이다.

마침내 IBM은 1992년에 160억 달러라는 가공할 액수의 적자를 내면서 생존의 기로에 서게 되었다. 당시 많은 사람이 IBM의 몰락을 예상했지만 IBM은 다시 일어섰다.

비결은 기업의 정체성을 제조업에서 서비스업으로 바꾼 것이다. 돈 안 되는 제조 부문을 아웃소싱하는 대신 부가 가치가 높은 IT 분야와 소프트웨어, 시스템 설계, 컨설팅 등의 분야로 무게 중심을 옮긴 것이다.

"21세기의 부富는 고객 가치를 창출할 수 있는 차별적인 지식을 먼저 확보한 개인, 기업, 국가가 차지한다."

앨빈 토플러가 《부의 미래》에서 한 말이다.

앞으로는 전통적인 제조업 분야라 할지라도 지식, 정보의 기반 위에서 고도화하지 않으면 설 자리가 점점 더 좁아질 것이라는 의미다.

앨빈 토플러는 한 발 더 나아가 앞으로 다가올 지식혁명에서 지금까지의 지식과 산업 시대의 발상은 쓸모없거나 오히려 발전에 장애만 될 뿐이라고 지적한다.

그런 쓰레기 같은 지식을 토플러는 '**압솔리지**obsoledge'라고 명명했다. 이것은 쓸모없다는 의미의 Obsolete와 지식의 Knowledge를 합성한 신조어다.

왜 명품에 열광할까?
'밴드왜건 효과'

밴드왜건이란 대열을 선도하는 악대차를 가리키는 말이다. 마을에 서커스가 들어와 이를 선전하는 악대차가 나팔을 불고 지나가면 사람들이 모여들기 시작한다. 그리고는 아이들은 신바람이 나서 그 뒤를 따른다. 이런 현상과 같이 별생각 없이 남의 행동을 따르는 경우를 '<u>밴드왜건 효과</u>' 혹은 '<u>악대효과</u>'라고 부른다.

밴드왜건 효과는 결정을 망설이고 있는 사람들의 마음을 어느 한 쪽으로 끌어들이는 힘을 가진다. 이러한 밴드왜건 효과는 타인 지향적인 심리 상태를 이론적 배경으로 하고 있다.

즉 자신의 행동과 의사결정의 잣대를 원칙이나 객관적 근거에서 찾기보다는 주위의 분위기나 대세에 의존하려는 현대인의 일반적 경향이 밴드왜건 효과를 보다 극대화시키고 있는 것이다.

밴드왜건 효과의 대표적인 사례는 유행이다. 1967년 가수 윤복희가 미국에서 귀국하면서 미니스커트를 입고 비행기 트랩을 내려오자, 신문들은 호들갑을 떨었다. 나이 지긋한 어른들은 망국의 징조라며 혀를 찼다.

여론이 비등하자, 마침내 경찰이 단속에 나서 무릎 위 20cm를 넘는 미니스커트를 경범죄로 단속했다. 세계 역사상 경찰이 자를 들고 여성들의 치마 길이를 잰 곳은 우리나라밖에 없을 것이다. 그럼에도 불구하고 미니스커트는 1970년대의 사회 현상을 대표할 정도로 유행했다.

소비자들의 구매 패턴도 밴드왜건에 영향을 받는다. 이웃들이 모두 최신 세탁기를 쓰면 멀쩡한 세탁기를 두고도 최신 세탁기를 구입하는 경우가 그것이다.

대기업 회장님의 서재에 특정 신간 서적이 반입되면, 그 회사의 간부들은 모두 그 책을 사서 읽어야 한다. 강제는 아니지만 회장님이 불어대는 나팔소리에 모두가 춤추지 않을 수 없다.

정치인들이 이런 밴드왜건 효과를 외면할 리 없다. 정치인들은 연설하는 중간마다 "여러분 그렇지 않습니까?" 하는 말로 청중의 박수를 유도해낸다.

선거에서 누구를 찍을지 정하지 못한 유권자는 두 가지 심리 상태가 된다. 하나는 자신의 표가 사표死票가 될 것을 우려해 당선이 유력하다고 소문난 후보에게 자신의 표를 몰아주는 것으로, 밴드왜건 효과다. 반대로 열세한 후보에게 동정표를 던지는 것은 '언더도그 효과'라고 부른다.

주주총회에는 흔히 박수부대가 동원된다. 이들의 역할은 "옳소!"를 연발하여 만장일치의 분위기를 만들어내는 것이다. 밴드왜건 효과를 노린 방법이라고 할 수 있다.

하나를 아는 순간, 그 하나는 이미 답이 아니다!
'불확정성 이론과 주식투자'

'퀀텀 점프 이론'이 요즘 다시 화제가 되는 것은 투자의 귀재 조지 소로스가 만든 헤지 펀드의 이름이 '퀀텀 펀드'기 때문이다. 이름도 특이하지만 그의 투자 이론도 특이하다. 조지 소로스는 현대물리학의 아버지 격인 하이젠베르크의 '불확정성 이론'에서 크게 감명을 받은 사람이었다. 그는 펀드 이름을 퀀텀 펀드로 정하고 불확정성 이론을 투자에 적용하기 시작했다.

'불확정성 이론'에 의하면 양자의 세계는 관찰자가 관찰 대상에 영향을 준다. 마찬가지로 관찰 대상도 관찰자에게 영향을 준다.

그에 따르면 투자도 마찬가지다. 투자자는 주가에 영향을 주고, 주가는 다시 투자자에게 영향을 준다는 것이다. 그는 자신이 만든 이론을 '반사성 이론'으로 명명했다. 그는 이 투자 이론으로 1969년부터 1995년까지 연간 35%의 경이적인 수익을 냈다.

자신의 투자 이론을 한마디로 설명해달라는 사람들의 요청에 그는 이렇게 말했다.

"내가 '이것이다'라고 말해준다면 그 순간부터 '이것'은 더이상 유효하지 않다."

예를 들어 주가가 2000까지 오른다는 예측을 발표하면 일반인들은 주가가 2000이 되기 전에 모두 팔아 버릴 것이기 때문에, 그 예언은 발표하는 순간 틀리게 된다는 것이다. 전형적인 불확정성 이론이다.

소로스는 이렇게 번 돈을 공산 국가의 자유화나 제3세계의 민주화 등에 쏟아부었다. 그의 이러한 행동은 자신의 생애와도 관련이 있다.

소로스는 1930년 헝가리 부다페스트의 유대인 가정에서 태어났다. 14세 때, 아우슈비츠 가스실로 끌려갈 뻔한 위기를 겪기도 했다. 영국으로 피신했다가 전쟁이 끝난 뒤, 헝가리로 돌아왔지만 다시 구소련 군정을 피해 영국으로 떠났다.

그는 17세부터 26세까지 젊은 시절을 영국에서 비참하게 보냈다. 그는 살기 위해 웨이터, 마네킹 조립 공장 직원 등 닥치는 대로 일해야만 했다.

그렇게 해서 모은 돈으로 런던 정치경제 대학에 입학했다. 그곳에서 소로스는 세계적인 석학 칼 포퍼를 만났고, 그의 저서 《열린 사회와 그 적들》에 큰 감명을 받았다. **'열린 사회의 적들'**이란 바로 나치즘과 공산주의를 가리킨다. 그가 자유화와 민주화에 돈을 쓰는 것도 그 영향 때문이었다.

그는 또한 1980년대 말, 동유럽·구소련이 붕괴될 당시에 막대한 자금을 지원했다. 구소련 붕괴 후, 과학자들의 생계가 막막해지자 1억 달러를 기부하기도 했다. 그가 생전에 자선 사업에 투입한 액수는 무려 250억 달러에 달한다.

세상에 공짜 점심은 없다,
'노 리스크 노 리턴의 법칙'

무언가를 얻기 위해서는 반드시 대가를 치러야 한다. 무언가를 쟁취하기 위해서는 노력이나 시간 아니면 위험을 감수해야 한다.

기업가企業家를 영어로는 Businessman이라고 부르지 않고 Entrepreneur라고 부른다. 창의적인 아이디어를 가지고 불확실한 미래와 승부하여, 일자리와 새로운 가치를 창출해내는 사람을 가리키는 말이다. 기업가에게 돌아가는 이윤은 모험에 대한 대가라는 것이다.

주식으로 돈을 버는 방법은 주식 가격이 대대적으로 폭락했을 때 구입해서, 크게 올랐을 때 파는 것이다. 그러나 주식이 폭락했을 때, 주식을 구입한다는 것은 자칫 휴지조각이 될 수 있는 위험을 감수해야 한다는 의미다. 그래서 **'노 리스크 노 리턴**No risk No return**의 법칙'**이 생겨났다. 위험을 감수하지 않고는 돌아오는 것이 없다는 의미다.

반대로 쉽게 돈을 번다는 것은 무언가 위험이 도사리고 있다는 의미다. 금융 사기 사건에 걸려든 사람들의 공통적인 특징은 쉽게 돈을 벌 수 있다는 유혹을 이기지 못하는 데 있다.

2008년 미국에서 일어났던 서브프라임 모기지 사태를 보자. 1990년대 초반부터 미국 금융권에서는 신용등급이 낮은 사람들에게 높은 이자율로 주택 구입 자금을 대출해주는 금융 상품이 등장했다. 신용등급이 낮은 대신 높은 이자를 받을 수 있어 은행들은 쉽게 돈을 벌 수 있었다. 하지만 여기에는 위험이 도사리고 있다.

은행들은 이 위험을 다른 사람에게 전가하기 위해 채권을 담보로 주식을 만들어 다시 다른 사람에게 팔았다. 이것이 '첨단 금융 기법'이라는 파생 상품이다. 2006년에는 은행 대출액의 20%가 이런 파생 상품이었다.

그러나 이런 식의 비즈니스 모델은 주택 가격이 지속적으로 상승할 경우에만 유지될 수 있는 일종의 폭탄 돌리기 게임이다. 언젠가 누구 손에선 반드시 터질 수밖에 없는 것이었다. 또한 이것은 연결 고리 중 어느 하나라도 끊어지면 고리 전체가 무너질 수밖에 없는 구조였다.

이어서 주택 가격이 폭락하자, 금융권 전체가 부실의 늪에 빠졌다. 이것이 바로 서브프라임 모기지 사태다. 공짜 점심을 잘못 먹어서 배탈이 난 것이다.

세상에 공짜 점심은 없다. 미국 서부의 한 술집에서 일정 금액 이상의 술을 팔아 주는 손님에게는 공짜로 점심을 대접한다고 내걸자, 처음에는 많은 사람이 몰려들었다. 그러나 시간이 지나자, 술값에 점심값이 포함되어 있다는 사실을 모두가 알게 되었다. 여기서 공짜 점심은 없다는 말이 생겨났다.

들쥐 떼의 이유 없는 질주,
'폰지 게임과 로의 법칙'

스칸디나비아 고원 지대에는 레밍이라는 이름의 들쥐가 살고 있다. 이 쥐떼는 가끔씩 집단으로 절벽에서 뛰어내려 자살한다. 연유는 이러하다.

먹이가 부족하기 쉬운 고원 지대, 무리를 뒤따르던 들쥐 한 마리가 먹이를 찾아 선두 그룹을 추격하기 시작한다. 그러면 옆의 쥐들도 달리기 시작하고, 선두를 형성하고 있던 쥐들은 영문도 모르고 달리기 시작하여 쥐떼 전체가 달리게 된다. 그러다가 어느 순간, 절벽에 다다르지만 멈출 수가 없어 뛰어내리게 된다. 무작정 질주다.

경제학에서는 이런 식의 맹목적 질주를 **'폰지 게임'**, **'로의**

257

법칙' 등으로 부른다.

1920년대 미국 플로리다에서 찰스 폰지라는 이름의 한 사나이가 국제 쿠폰 사업을 한다면서 투자자들을 모집했다. 조건은 90일 만에 투자금의 1.5배를 지급한다는 것이었다. 당시로서는 엄청난 수익이었다. 그러자 투자자들이 몰려들어 투자 자금은 눈덩이처럼 불어났다.

그러나 폰지는 아무런 사업도 하지 않았다. 나중에 들어온 돈으로 앞선 투자자들의 이자를 갚아 나갔다. 그러다가 더 이상 투자자들이 나타나지 않자, 사업은 공중분해되고 말았다. 요즘으로 치자면 일종의 불법 다단계였다. 이것을 사람들은 폰지 게임이라고 불렀다.

제3자의 입장에서 보면 명백한 사기인데도 당사자가 되면 욕심에 눈이 멀어 보이지 않는다고 한다. 처음에는 눈이 멀어서 안 보이고, 나중에는 무언가 의심이 가지만 믿고 싶어진다는 것이다.

예를 들어보자. 금융 상품으로 낼 수 있는 수익이 평균 3%라고 할 때, 누군가 5%의 수익을 보장하면서 투자자들을 모집한다고 해보자. 그러면 돈이 여기로 몰리게 된다. 그러나 그곳으로 돈이 몰릴수록 5%의 수익은 기대하기가 어려워진다. 시중의 모든 돈이 그리로 모인다고 가정하면, 결국 3%의 수익률로 귀결될 수밖에 없기 때문이다.

일시적으로는 몰라도 장기적으로 그러한 일은 가능하지 않다. 아주 간단한 논리지만 사람들은 그 이치를 잘 믿으려 하지 않는다.

역사상 가장 광기 어린 투기 열풍은 17세기 네덜란드에서 일었던 튤립 광풍이다. 네덜란드는 봄이면 나라 전체가 튤립으로 뒤덮인다. 그만큼 네덜란드 국민은 튤립을 사랑했다. 아름다운 희귀종 튤립은 곧 부의 상징이기도 했다.

튤립이 투자 가치를 가지게 되자, 네덜란드 국민은 본업보다 튤립 투기에 더욱 열을 올리기 시작했다. 나중에는 나라 전체가 튤립 투기에 올인했다. 가장 아름답다는 튤립 구근 셈페르 아우구스투스는 1633년 500길더에서 1년 만에 1만 길더로 가격이 뛰었다. 꽃 한 송이의 가격이 고급 주택 가격과 맞먹을 정도였다. 그러다 거품이 꺼지자, 전 재산을 튤립 구근 몇 뿌리와 바꾼 서민들이 줄줄이 파산했다.

이런 기막힌 현상이 2008년에 미국에서도 재현되었다. 서브프라임 모기지 사태로 나라 전체가 뒤숭숭한 월가에 버나드 메이도프라는 저명인사가 나타나 사기극을 벌인 것이다. 여기에는 돈 많은 사람들, 유명인사들이 줄줄이 걸려들었다. 스필버그 같은 이름만 대면 알 수 있는 유명인사도 걸려들었고 미국의 기업, 금융기관, 투자회사는 물론 해외의 기업, 금융기관들도 걸려들었다.

우리나라 금융기관들도 예외가 아니었다. 수천억의 손해를 본 것으로 알려졌다. 프랑스의 한 금융가는 여기에 걸려들어 전 재산을 날리고 자살했다. 버나드 메이도프의 사기극에는 무려 500억 달러가 동원되었다.

버나드 메이도프가 누구인가. 그는 나스닥 증권거래소 이사장 출신으로 월가에서도 저명인사였다. 우리나라로 치면 코스닥 이사장 격이다. 그래서 모두가 그를 믿었던 것이다. 그 정도의 인사가 나타나 고수익 보장을 약속하며 돈을 끌어들이자, 수많은 사람이 추호의 의심도 없이 말려들었다. 더구나 그는 유대인 출신이었기에 스필버그 같은 유대인 유명인사들의 피해는 더욱 컸다.

여기서 로의 법칙이 나온다. 헤지 펀드 이론가인 MIT의 앤드류 로 교수는 '연속적인 투자 상관성'이라는 이론을 제시했다. 이 이론에 의하면 지난달의 수익과 다음 달의 수익이 완전히 일치할 때, 즉 수익률이 일정한 경우의 **투자 상관성**을 100으로 본다. 투자 상관성이 높을수록 거짓일 가능성도 높아진다는 것이다.

시장이 불안정한 상황에서 특정 펀드가 일정률 이상의 수익을 지속적으로 보장한다는 것은 불가능하며, 그것은 펀드 매니저가 자료를 왜곡하거나 현실을 제대로 반영하지 않은 것이라는 주장이었다.

메이도프는 여러 해 동안 지속적으로 10~11%의 수익률을 기록했다며 거짓 자료를 내세워 고객을 끌어모았다. 정상적인 금융 기법으로는 연 3% 정도의 수익률이 적정한 시장에서 말이다.

투자 이론 중에 **'장미의 법칙'**이라는 것이 있다. 무엇이든 너무 그럴싸하고 완벽해 보이면 일단 의심하라는 것이다. 장미에는 반드시 가시가 있는 법이다.

약자가 싸움에서 이기려면?
'란체스터의 법칙'

예전 미국에서 들려온 재미있는 이야기가 있다. 아프가니 스탄 전선에 파견된 F-22기가 한 번도 출격해보지 못하고 생 산마저 중단되었다는 소식이었다.

F-22는 목표물을 향해 날아가는 동안 적의 전투기를 일거 에 제압하고, 목표 지점에서 솟아오르는 적의 대공포를 뚫고 들어가, 목표 지점을 정확하게 명중시키고 돌아올 수 있는 최 신예 전폭기인데도 말이다. 대당 가격이 무려 1억 4,260만 달 러, 우리 돈으로 1,900억 원이다.

그런데도 왜 그런 비운을 맞아야 했을까?

바로 싸움의 형태가 변했기 때문이다. F-22는 개발 당시

미·소 간 첨단 전투기들의 공중전을 염두에 둔 것이었다. 하지만 이런 최신예 전투기는 탈레반이나 알카에다처럼 험준한 산악 지대에 숨어 있는 게릴라들에게는 아무런 쓸모가 없었다.

세계 최신예 전투기가 왜 무용지물이 되었는지 **란체스터의 법칙**으로 풀어보자.

F.W. 란체스터는 제1·2차 세계대전 기간에 살았던 영국의 수학자, 과학자, 자동차, 항공 엔지니어였다. 같은 영국 출신의 과학자 뉴턴의 법칙이 자연의 이치를 수식으로 나타낸 것이라면, 란체스터의 법칙은 세상사에 대한 싸움의 이치를 다룬 것이다.

제1차 세계대전이 발발하자, 그는 자신이 설계한 비행기의 성능에 대해 깊은 관심을 가지게 되었다. 항공기를 이용한 최초의 공중전은 제1차 세계대전 기간 중 서부전선에서 처음 시작되었다. 란체스터는 전쟁 중에 있었던 중요한 공중전의 사례들을 수집하여 이를 수학적으로 분석하는 작업에 착수하게 되었다.

여기서 란체스터는 특이한 현상을 발견한다. 성능이 비슷한 A·B국 전투기 5대와 3대가 끝까지 싸웠더니, B국 전투기는 모두 격추되고 A국 전투기는 4대가 살아남았던 것이다.

우리의 상식으로는 A국 전투기 2대가 살아남아야 하는데도 말이다. 이에 의심을 품은 란체스터는 수학의 확률 이론을 동원하여, 그 의문에 대한 해답을 찾기에 이르렀다.

잠시 그 추론 과정을 보자.

A국의 전투기	B국의 전투기
A1	B1
A2	
A3	B2
A4	
A5	B3

먼저 A측의 피격 가능성을 보자.

A1이 B1로부터 피격받아 격추될 확률은 $\frac{1}{5}$이다. 왜냐하면 B측의 모든 전투기는 A측 전투기들이 사정권에 들어오는 순간, 5대 중 한 대를 겨냥하여 미사일을 발사할 것이기 때문이다. A1은 B2, B3로부터도 동일한 확률의 피격 가능성을 가지고 있다.

따라서 A1이 적의 전투기로부터 피격당할 확률은 $(\frac{1}{5}) \times 3$으로 $\frac{3}{5}$이 된다. 이는 A1뿐 아니라 A측의 모든 전투기가 동일한 확률의 피격 가능성을 안고 싸우게 된다.

다음은 B측의 피격 가능성을 보자.

B1이 A1로부터 피격될 확률은 $\frac{1}{3}$이다. 왜냐하면 A1은 B국의 전투기 3대 중 한 대를 겨냥하여 미사일을 발사할 것이기 때문이다. B1은 A1뿐 아니라 A국의 5대 전투기 모두로부터 동일한 피격 가능성을 안게 된다.

따라서 B1의 피격 확률은 ($\frac{1}{3}$)×5로 $\frac{5}{3}$가 된다. 이는 B1뿐 아니라 B측의 모든 전투기가 동일한 확률의 피격 가능성을 안고 싸우게 되는 것이다.

결국 A·B국 전투기들의 피격 가능성은 $\frac{3}{5} : \frac{5}{3}$로, 분모를 통분하면 $\frac{9}{15} : \frac{25}{15}$가 된다. 양측 분모를 소거하면 A:B의 피격 가능성은 9:25가 된다.

반대로 A와 B의 피격 가능성이 9:25이면, A와 B의 생존 가능성은 그 역인 25:9가 될 것이다. 즉 생존 확률은 전력에 비례하는 것이 아니라, 전력의 제곱에 비례하게 된다.

여기서 B측의 전투기가 모두 격추될 때까지 싸움을 이어 간다면, 즉 B의 전투력이 '0'이 될 때까지 싸운다면 남은 전력은 양측에서 '9'를 뺀 수치와 일치할 것이다.

그랬을 때, A의 남은 전투력:B의 남은 전투력=16:0이 된다. 즉 B측 전투기가 모두 격추되어도 A측의 전투력은 16이

남는다. 남은 전투력을 비행기 대수로 환원하기 위해 16에 루트($\sqrt{}$)를 씌우면 정확하게 4대가 살아남는다. 이것이 란체스터의 법칙이다.

여기서 란체스터는 두 개의 방정식을 만들었다. 제1법칙은 재래식 무기를 사용하는 좁은 공간에서의 국지전에 해당되는 이론이고, 제2법칙은 미사일 등 확률 무기를 사용하는 광역 공간에 해당되는 방정식이었다.

이를 정리하면 무기의 성능이 동일하면 재래식 무기를 사용하는 국지전에서 전투력은 병력 수에 비례하지만, 확률 무기를 사용하는 광역전에서의 전투력은 병력 수의 제곱에 비례한다는 것이다.

란체스터의 법칙에 의하면 전투력은 전력의 제곱에 비례한다. 그래서 강자와 약자의 싸움에서는 전력이 강한 강자가 항상 이길 것 같지만, 사실은 그렇지 않다. 강자가 이기기 위해서는 다음과 같은 4가지 필승 조건을 갖춰야 한다.

즉 강자와 약자가 ① 동일한 장소에서, ② 동일한 무기를 가지고, ③ 동일한 방법으로, ④ 전면전을 할 경우다. 이러한 조건이 갖춰지면 강자 필승이 이루어진다.

그러면 약자가 이길 수 있는 방법은 무엇인가?

약자는 자신의 가장 강한 무기를 사용할 것이 아니라, 강자의 강한 무기를 무력화시킬 수 있는 싸움을 벌여야 한다.

프로펠러 비행기를 가지고 강자의 최신예 전투기와 맞서 싸울 생각을 하지 말고, 좁은 골짜기로 숨어들어 강자의 최신예 전투기를 무용지물로 만드는 것이 약자의 전략이다.

게릴라전은 전형적인 약자의 전략이다. 미국의 최신예 전투기 F-22가 무용지물이 된 이유도 여기에 있다. 베트남 전쟁이 그러했고 아프가니스탄, 이라크 전쟁이 그러했다.

이 법칙은 란체스터에 의해 수학적인 공식으로 세상에 알려졌지만, 그 이전에 이를 실전에서 입증한 장군이 있다. 바로 충무공 이순신이다.

명량해전을 보자. 당시 조선 수군의 배는 13척, 일본 수군의 배는 133척이었다. 일단 무기의 성능은 동일하다고 가정하자. 만약 양 진영이 넓은 바다에서 전면전을 했다면 이순신 장군이 10명 있어도 이기지 못했을 것이다.

이순신 장군은 적에게 가장 불리한 싸움판을 만들어야 했다. 그러기 위해 넓은 바다 대신 울돌목이라는 좁은 바다로 적군을 유인했다.

울돌목은 해협이 좁기 때문에 배가 종대로 2~3대씩밖에 통과하지 못하는 전장이다. 먼저 내해로 들어온 조선 수군은 학익자형(학이 날개를 펼친 모양)으로 대형을 갖추고 종대로 들어오는 일본군 배들을 향해 사격을 가했다.

이럴 경우의 싸움은 13:133이 아니라 13:2나 13:3의 싸움으로 바뀐다. 이때의 전투력은 전력의 제곱이 되어 169:4 혹은 169:9 정도로 차이가 나게 된다.

이순신 장군이 위대한 것은 목숨을 걸고 싸워 이겨서가 아니라, 이길 수 있도록 여건을 만든 다음에 쉽게 이겼기 때문이다.

마술처럼 돈을 불린다,
'72의 법칙'

주식 이론 중에 $\frac{2}{3}$, $\frac{1}{3}$ 의 법칙이라는 게 있다. 주로 하락 장세에서 적용되는 법칙이다. 12개월 동안 주가가 30% 하락했다고 하자. 30% 하락 분 중 $\frac{1}{3}$ 인 10%는 12개월의 $\frac{2}{3}$ 인 8개월 동안에 이루어지고, 하락 분의 $\frac{2}{3}$ 인 20%는 마지막 4개월에 집중된다는 법칙이다.

미국의 서브프라임 모기지 사태로 야기된 금융 위기가 어느 정도 진행되었을 때, 버핏은 파생 상품의 주가가 충분히 떨어졌다고 판단하고 과감히 투자했다. 그러나 정작 본격적인 하락은 그다음이었다. $\frac{2}{3}$ 는 기다렸지만 마지막 $\frac{1}{3}$ 을 기다리지 못해 큰 손해를 보고 만 것이다. 이로 인해 전설적이던 자신의 명성도 흐려지고 말았다.

금융 전문가들 사이에서는 '**72의 법칙**'이라는 것이 있다. 복잡한 복리 계산을 대신하는 간단한 법칙이다. 원금 1천만 원을 연 10%의 이율로 1년간 맡기면 단리나 복리나 모두 1년 후에는 1,100만 원이 된다.

그러나 3년을 맡기면 단리는 1,300만 원이지만 복리로는 1,331만 원이 된다. 이때부터 미세한 차이가 나타나기 시작한다. 그러나 복리는 시간이 지날수록 가속적으로 늘어나기 때문에 계산이 지극히 난해해진다.

5년 후면?

단리는 1,500만 원, 복리는 1,610만 원이 된다. 그럼 원금이 2배로 불어나는 시점은 언제일까?

단리로는 이율이 연 10%일 때, 원금이 2배로 불어나기 위해서는 10년이 필요하다.

그럼 복리로는 얼마의 시간이 필요할까?

'72'라는 숫자를 이자율로 나누면 간단히 답이 나온다. 72를 이자율 10으로 나누면 7.2가 된다. 원금이 2배가 되는 데 필요한 시간은 7.2년이라는 것이다. 만약 이자율이 5%라면 2배가 되는 데 필요한 시간은? 72를 5로 나누면 14.4년이 된다.

주식투자에서 복리식 투자의 예를 보자.

복리식 주식투자란 투자에서 얻은 수익금 전액을 다시 투자 자금에 합산시키는 방식을 말한다. '2년 동안 주식투자를 하여 원금을 2배로 늘리려면 월 몇 %의 수익률이면 될까' 하는 문제를 가정해보자.

2년은 24개월, 72를 24로 나누면 3이라는 숫자가 나온다. 주식투자에서 매월 3%의 수익을 올리고 이를 원금에 합산해가면, 2년 후에는 2배로 늘어난다는 계산이 된다.

복리의 개념으로 주식투자를 하여 마술처럼 돈을 번 사람이 바로 투자의 귀재라고 불리는 워런 버핏이다. 그는 평균 26.5%의 수익을 내며, 이 돈을 다시 투자함으로써 '**복리의 효과**'를 노렸다. 그리하여 2024년 현재까지 세계 6위의 부자 순위를 기록하고 있다.

살아가는 데 힘이 되는 '생산적 교양!'

너 죽고 나 살자,
'치킨 게임의 법칙'

미국 10달러짜리 초상화의 주인공인 알렉산더 해밀턴은
초대 재무장관을 지냈다. 그는 〈해밀턴〉이라는 뮤지컬로도
만들어질 정도로 미국인들에겐 널리 알려진 인물이다.

그의 삶은 한 편의 드라마 자체다. 중남미 카리브해의 작은
섬에서 사생아로 태어난 그가 수많은 조롱을 견뎌내며 미국
금융·경제 제도의 초석을 세워, 건국의 아버지로 우뚝 서기
까지의 과정은 감동을 주기에 충분하다.

죽음도 극적이었다. 해밀턴은 1804년 정적 에런 버가 신청
한 권총 결투에서 총을 맞아 48세로 생을 마감했다. 버의 총
탄이 척추를 관통해 다음 날 사망했다. 당시 버는 부통령이

었고, 해밀턴은 전직 재무장관이었다. 3대 대통령 선거 후보로 나섰던 버가 토머스 제퍼슨을 지지한 해밀턴에게 권총 결투를 신청했기 때문이다.

부통령과 전직 재무장관 간 권총 결투를 상상하기 힘들지만, 서부 개척 시대였던 당시에는 그랬다. 권총 결투로 목숨을 잃는 사람이 많아 뉴욕주가 이런 결투를 금지했지만, 뉴저지주에서는 여전히 합법이었다.

당시 사회 분위기도 한쪽에서 결투를 요구하면 받아들일 수밖에 없었다. 만약 이를 거부하거나 피하면 겁쟁이나 패자로 전락했다. 해밀턴은 어쩔 수 없이 뉴저지주에서 결투에 응했다가 생을 마감해야만 했다.

그러면 버는 어떻게 됐을까? 결투에서 이겼지만 그의 생도 망가졌다. 국민들의 지탄을 받으면서 정치인으로서의 생명이 끝났다.

해밀턴과 버의 권총 결투와 이들 삶의 종착역은 게임 이론에서 '**치킨 게임**'과 '**승자의 저주**'를 떠오르게 한다. 치킨 게임은 한마디로 겁쟁이(치킨)가 누구냐를 가리는 게임이다. 1950년대 미국 젊은이들 사이에 유행한 것으로, 충돌을 불사하고 서로를 향해 차를 몰고 돌진하는 게임에서 유래했다.

좁은 도로에서 자동차를 마주보며 달리는 게임 방식이다.

그러다가 운전대를 먼저 꺾는 쪽이 지게 된다. 두 사람 모두가 핸들을 꺾지 않는다면 충돌로 이어지게 된다. 냉전 시대 미·소 간의 군비 경쟁이 그러했으며, 기업 경쟁이 그러하다. 그러나 여기서 이긴 승자는 쉽게 패자의 몫까지 차지할 수 있다는 장점이 있다.

기업의 경우, 가혹한 환경에서 경쟁자들이 도태되고 나면 승자는 더 큰 시장을 차지할 수 있다. 또한 쓰러져 가는 기업을 헐값에 사들일 수 있는 기회도 갖게 된다.

2008년 글로벌 경제 위기가 시작되기 전만 해도 과잉 생산으로 가격이 폭락했던 반도체시장의 싸움이 치킨 게임 바로 그것이었다. 2009년에 접어들어 시장점유율 10%로 세계 랭킹 5위였던 독일의 키몬이 파산했다. 그리고 잇따라 시장점유율 3%와 4.4%였던 대만의 프로모스와 파워칩이 휘청거렸다.

이때 삼성전자와 하이닉스는 반사적인 이익을 얻으며 세계 시장점유율을 한층 더 넓힐 수 있었다. 바로 치킨 게임의 승자가 된 것이다.

치킨 게임의 또 다른 사례는 사우디아라비아의 석유 수급 전쟁이었다. 제2차 석유 파동으로 인해 1981년 석유 가격이 고점을 찍고, 하향세를 타기 시작했다. 이때 사우디에서 석유를 감산해서 유가를 유지하고자 했다. 하지만 영국에서 원유 가격 자유화를 선언하면서 사우디아라비에서는 생산량을 늘리기 시작했다.

영국과 사우디가 치킨 게임으로 석유 생산량을 경쟁적으로 늘리면서 석유 가격은 바닥을 찍게 되었다. 미국 석유업체들은 버틸 수가 없게 되자, 미국은 사우디와 협약을 맺어 석유 전쟁을 끝내기로 합의했다.

DHL이 비운 자리를 페더럴 익스프레스는 힘들이지 않고 차지할 수 있었으며, 월마트 역시 2~3위권 대형업체들이 휘청거리면서 오히려 매출이 늘어났다. 델타 항공은 휘청거리는 노스웨스트를 인수하여 세계 최대의 항공사로 올라섰다.

이질적인 것들이 모이면 새롭다,
'메디치 효과'

생물 자원이 가장 풍부한 곳이 어딜까?

강과 강이 만나는 어귀, 혹은 강과 바다, 혹은 바다와 육지가 만나는 갯벌이다. 이런 곳에 가장 다양한 생물군이 숨쉬며 살아가고 있다. 조금 비약하자면 서로 다른 이질적인 요소들이 뒤엉키는 곳에 가장 왕성한 생명력이 꿈틀거린다는 의미다.

인류는 크게 세 번의 정신적 도약기를 거쳐 오늘에 이르렀다고 한다. 첫 번째는 인류의 위대한 사상이 화산처럼 분출했던 기원전 5세기, 두 번째는 인간의 눈으로 세상을 보려고 했던 14~15세기의 르네상스, 세 번째는 인간의 이성으로 세상의 이치를 탐구했던 17~18세기 근대 과학혁명의 시기를 꼽을 수 있다.

학자에 따라서는 상대성 이론과 양자역학이 등장하여 세계관 자체를 바꾸어 놓았던 20세기 초반을 들기도 한다.

그중에서도 단연, 인류 역사상 가장 찬란했던 시기는 르네상스였을 것이다. 르네상스는 화가, 조각가, 과학자, 시인, 철학자 등 다양한 사람들이 얽히고설키면서 인류를 중세의 암흑에서 구한 찬란한 문명기였다. 그리고 그것을 가능하게 했던 것이 바로, 예술가들에게 재정적인 후원을 아끼지 않았던 메디치가 덕분이었다.

서양에는 14세기 무렵부터 귀족들이 예술가를 후원해주는 제도가 있었다. 그런 제도 덕분에 가난한 예술가들이 다양한 분야에서 문화적인 유산을 남길 수 있었던 것이다. 메디치 가문도 이런 전통을 따랐지만 훨씬 더 적극적이었다. 그것은 아마도 금융업으로 돈을 번 것에 대한 일종의 속죄 의식이었을 수도 있다(중세 유럽에서 대금업으로 돈을 번다는 것은 유대인들이나 하는 아주 천한 일로 여겼다). 그래서 후원 사업에 더욱 적극적이었는지도 모른다.

메디치 가문은 단테, 갈릴레오, 레오나르도 다빈치, 미켈란젤로, 마키아벨리 등 당대의 과학자, 문화, 예술인, 작가, 철학자들을 적극적으로 후원했다. 이들의 활약으로 피렌체는 르네상스라는 찬란한 꽃을 피울 수 있었다.

메디치가는 당대의 예술가, 조각가, 과학자, 작가, 철학자 등 다양한 사람들로 하여금 마음껏 재능을 발휘할 수 있도록 재정적인 지원을 해준 것 외에도, 이들이 함께 어울려 교류하고 토론할 수 있는 장을 마련해줬다.

여기서 핵융합처럼 폭발한 에너지가 바로 '르네상스'였다. 이처럼 이질적인 요소들이 다양하게 얽히고설킬 때, 큰 에너지를 분출하게 되는 것을 '메디치 효과'라고 부른다.

그래서 요즘은 기업에서도 서로 다른 성향의 인재들을 함께 뒤섞어 배치하는 제도가 생겨나고 있다. 한 사람의 지시에 의해 일사분란하게 움직이는 수직적인 조직이 아니라, 다양한 사람들이 자유롭게 소통할 수 있는 수평적인 조직인 셈이다. 전자연구소에 철학도를 배치하는가 하면 디자인회사에 수학도가 맹위를 떨치는 곳도 생겨나고 있다. 다양한 요소들이 어울려야 새로운 아이디어, 새로운 에너지가 분출된다는 의미다.

메디치 가문에 관한 재미있는 이야기가 있다. 돈으로 권력과 명예 모두를 누린 메디치 가문에는 집안에 내려오는 유전적 질환이 하나 있었다. 가문의 구성원 모두가 지독한 근시라는 사실이다.

그래서 중세기 이탈리아, 그중에서도 메디치가의 활동 근거지였던 베네치아를 중심으로 안경 산업이 크게 발달했다. 이런 오랜 전통이 이어져 이탈리아의 안경 산업은 세계적인 경쟁력을 확보하고 있다.

이탈리아 안경은 세계 시장에서 28%의 점유율로 1위며, 패션 안경만 볼 경우에는 40%의 점유율로 단연 1위를 달리고 있다. 이 역시 메디치 가문 덕분이다.

돈이 쏟아지는 틈새,
'벤치의 법칙과 청바지의 법칙'

장사꾼은 가려운 데를 긁어 주는 사람이다. 서비스업이 특히 그러하다. 이를 뒤집으면 서비스 아이템을 찾는 방법은 아주 간단하다. '누가 이런 거 해주는 사람 없나?' 하고 혼잣말 비슷하게 하는 아이템은 모두 서비스 아이템이 될 수 있다는 것이다.

서비스업의 원조는 역시 금융업이다. 금융업이란 돈이 필요한 사람에게 빌려주면서 다소 높은 이자를 받고, 돈이 남아도는 사람으로부터 좀 더 낮은 이자를 주고 돈을 빌려 와서 금리 차이를 남기는 서비스업이다.

유럽의 명문 금융가 '메디치가'의 사례를 보자. 15세기 프랑스 남부 도시 리옹은 동서양의 진귀한 물건들이 교환되는 일종의 국제시장이었다고 한다. 교역 상품으로는 농축산물은 물론 비단, 향료, 보석 등 다양했다. 이곳에 모이는 상인들은 자국의 특산물을 가져다 팔고, 대신 남의 나라의 특산물을 사서 자국으로 돌아가 마진을 남기고 되파는 사람들이었다.

장터 옆에는 항상 벤치에 앉아 있는 사람이 있었다. 그는 물건을 파는 사람도, 물건을 사는 사람도 아니었다. 바로 장사꾼들의 복잡한 돈 계산을 대신 해주는 사람이었다.

이탈리아 상인이 자국의 올리브유를 가져와 팔고 스웨덴의 밍크나 프랑스의 포도주를 사서 자국으로 가져간다고 치자. 그러면 이탈리아 화폐 피오리노, 프랑스 화폐 프랑, 스웨덴 화폐 달라 사이에 복잡한 계산이 이루어져야 한다. 벤치를 지키고 있는 사람은 이 계산을 대신해주는 사람인 것이다. 물론 약간의 수수료가 붙는다.

이렇게 탄생한 것이 메디치 금융 그룹이다. 지금 은행을 의미하는 단어 'Bank'는 이탈리아어인 'Banca', 곧 벤치를 의미하는 말에서 나온 것이다. 최초로 벤치를 지킨 사람은 지금의 메디치 금융가를 일으킨 비에리 메디치였다. 이것으로 비에리는 큰돈을 벌었다.

비에리의 안목은 여기에 머물지 않았다. 바로 교황청의 헌금이었다. 당시 유럽 전역의 성당에서 거둬들인 헌금은 일단 각 나라의 화폐로 로마 교황청으로 보낸 다음, 여기서 각 나라별로, 지역별로 필요한 운영비를 그 나라의 화폐로 다시 분배하는 방식으로 운영되었다.

메디치는 교황청에 제의했다. 전 세계 각 나라에서 거둬들인 헌금을 로마 화폐로 환산하여 보관하겠다는 것이었다. 그리고 필요할 때마다 명령만 하면 필요한 나라의 돈으로 바꿔주겠다는 제안이었다. 그러면 편리함도 편리함이지만 현금을 운송하는 비용도 절약할 수 있고 도난에 대한 염려도 사라지게 된다.

이리하여 교황청의 금고지기가 된 것이다. 당시 메디치 금융 그룹이 관리하던 교황청 돈은 무려 10만 피오리노(4조 원)에 달했다. 교황청의 가려운 데를 제대로 알고 긁어 준 것이다.

메디치의 머리 회전은 여기서 그치지 않았다. 메디치는 자신의 금고에 보관하고 있는 어마어마한 돈을 활용할 방법을 찾았다. 무역선이었다. 무역업자들은 많은 돈을 들여 배를 구입하고, 다시 많은 돈을 들여 외국으로 나가 외국의 물건을 구입해야 했다. 그러면 배에 싣고 온 물건을 팔기 전까지는 현금을 만지지 못한다는 문제가 생긴다. 당시에는 항해 속도가 느렸기 때문에 배가 들어오기까지는 몇 개월씩 걸렸던 것이다.

메디치는 들여올 물건을 할인된 가격으로 미리 구입했다. 현금이 아쉬운 무역업자들을 상대로 입도선매식의 장사를 생각해낸 것이다.

메디치는 다시 명반 광산에 돈을 투자했다. 당시 동양에서 들여오는 비단은 큰 돈벌이가 되었다. 그래서 너도나도 여기에 뛰어들 무렵이었지만, 메디치가는 비단 대신 명반에 투자한 것이다.

한 수가 높다. 비단은 고운 색깔을 입혀야만 부가 가치를 높일 수 있었다. 비단에 색깔을 입히기 위해서는 촉매제 명반이 꼭 필요했던 것이다. 들여오는 비단이 늘어날수록 명반 광산은 황금알을 낳는 거위로 변했다. 이것으로 메디치가는 다시 억만금의 돈을 벌었다.

'**청바지의 법칙**'도 '**벤치의 법칙**'과 흡사하다. 1848년 1월, 미국 캘리포니아에서 금광이 발견되었다. 그러자 수많은 사람들이 일확천금을 노리며 캘리포니아로 몰려들었다. 샌프란시스코가 주요 대도시가 된 것은 주로 19세기 중반의 골드러시 때문이었다.

또 다른 골드러시는 1886년 알래스카를 지나는 유콘강 일대에서 금이 발견되면서 다시 한 번 골드러시를 이뤘다. 그러나 금을 찾아 몰려들었던 사람들 중에서 큰돈을 벌었다는 사람은 별로 없다.

　돈을 번 사람들은 1차적으로는 금 채굴 기술과 정제 기술을 가진 사람들이었고, 다소 엉뚱하게는 송금업자와 청바지 장사였다. 송금업자들은 금을 캔 사람들에게 금을 싼값에 사들인 다음, 이들이 받은 돈을 다시 고향으로 송금해주는 업자들이었다. 이들이 큰돈을 벌었으며, 리바이스 형제는 금을 캐는 험한 작업에도 쉽게 해지지 않는 청바지를 만들어 떼돈을 벌었다. 금광으로 몰려드는 사람들 모두에게 청바지를 몇 벌씩 팔았으니 말이다. 그것이 지금까지 이어져 내려오는 리바이스 의류 브랜드다.

　"골드러시에는 금맥을 찾지 말고 청바지를 팔아라."

　이것이 바로 청바지의 법칙이다.

정말 인간의 조상이 원숭이일까?
'자연선택의 법칙'

기독교인들이 아침저녁으로 암송하는 사도신경은 기독교 신앙의 핵심을 담고 있다. 여기에 가장 먼저 언급되는 내용이 '전능하사 천지를 만드신 하나님 아버지……'라는 문구다. 만약 하나님에 의한 천지창조가 부정된다면 기독교는 설 자리가 없어지는 셈이다.

1859년 찰스 다윈이 《종의 기원》에서 모든 생명체는 자연선택을 통해 진화되었다고 발표하자, 유럽의 기독교 국가들이 발칵 뒤집어졌다. 생명체가 진화에 의한 것이라면 하나님의 창조가 부정되기 때문이었다.

진화론이 발표되고 6개월 후, 옥스퍼드 대학에서 당대 최고의 과학자 토마스 H. 헉슬리와 옥스퍼드의 주교 사무엘 윌버포스가 《종의 기원》을 놓고 진검승부를 벌였다. 헉슬리는 진화론을 옹호하는 입장이었고, 윌버포스는 창조론을 옹호하는 입장이었다.

헉슬리의 진화론 주제 발표가 끝나자, 윌버포스는 헉슬리에게 손가락질하면서 이렇게 물었다.

"당신이 물려받았다고 주장하는 원숭이의 유전 인자는 할아버지를 통해서 받은 것인가, 아니면 할머니를 통해서 받은 것인가?"

그것은 "그럼 네가 원숭이의 자손이라는 말이지?"라는 비아냥거림이었다. 이에 헉슬리도 지지 않았다.

그는 이렇게 말했다.

"나는 원숭이를 조상으로 둔 것을 부끄럽게 생각하지 않습니다. 그러나 진리를 모호하게 만드는 일에 자신의 재능을 악용하는 사람과 유전적으로 연관되어 있다는 사실은 부끄럽습니다."

여기에 피츠로이드라는 이름의 사나이가 등장했다. 그는 구약성서에 나오는 선지자들처럼 성경책을 머리 위로 높이 들어올리며 소리쳤다.

"다윈의 저서는 나에게 극심한 고통을 안겨줬습니다. 여러

분! 사람을 믿지 말고 하나님을 믿어야 합니다!"

분위기가 이렇게 달아오르자, 한 부인이 기절해 쓰러졌다. 이것은 당시의 분위기가 어느 정도였는지를 보여주는 대목이다.

다윈과 피츠로이드, 두 사람은 악연 중에서도 악연이었다. 피츠로이드로서는 자신이 키운 호랑이에게 물린 격이었기 때문이다.

피츠로이드는 비글호의 선장으로 1831년부터 1836년까지 5년 동안 남미와 오스트레일리아 등지를 항해하면서 경도 측정과 해양 탐사 업무를 수행한 장군이었다. 피츠로이드는 본연의 임무 외에도 지질 탐사를 위해 박물학자 한 사람을 동승시킬 예정이었다. 그래서 처음 접촉했던 사람이 박물학자 헨슬로 교수였다.

하지만 헨슬로 교수는 나이가 많아 5년이라는 긴 항해를 감당할 수 없다면서 제의를 거절했다. 그러면서 22세의 젊은 제자 다윈을 추천했다. 그리하여 피츠로이드와 다윈은 5년 동안 같은 배를 타고, 같은 바다와 섬을 탐사하게 되었다.

함께 여행했지만 두 사람이 보고 느낀 것에는 큰 차이가 났다. 피츠로이드는 자신이 목격한 지질학적인 증거들을 통해 하나님의 창조를 더욱 굳게 믿었다. 그러나 다윈은 창조론에 대해 의심을 품기 시작했다.

피츠로이드가 높은 산에서 발견된 조개껍데기를 보고 노아 홍수의 결정적인 증거라고 믿어 의심치 않았던 반면, 다윈은 남미의 에콰도르영 갈라파고스 군도의 핀치새를 보고 진화론에 눈을 뜨기 시작했다.

1835년 9월, 비글호가 갈라파고스 군도에 도착했다. 그 당시 다윈은 심한 뱃멀미를 앓고 있었다. 그래서 예정보다 더 오래 그 섬에 머물 수 있었다. 그리고 이것은 그의 일생의 발견인 '진화론'을 낳는 계기가 되었다.

갈라파고스는 에콰도르 서쪽 바다에 위치한 여러 개의 섬으로 이루어진 군도로 동식물의 생장에 아주 좋은 환경을 갖추고 있었다. 다윈은 이 섬에서 핀치새, 거북이, 이구아나에 주목했다.

핀치새는 섬마다 부리의 크기와 형태를 달리하고 있었다. 크고 뭉뚝한 부리의 핀치새가 있는가 하면, 작고 예리한 부리의 핀치새, 가느다랗고 끝이 휘어진 부리의 핀치새 등이었다. 아주 가까운 섬들인데도 말이다. 거북이도 마찬가지였다. 물이 많고 적음에 따라, 먹이가 많고 적음에 따라 크기와 모양과 껍질이 모두 달랐다.

여기서 다윈은 이들이 먹는 먹이가 나무 열매냐, 과일이냐,

곤충이냐, 나뭇잎이냐에 따라 이에 적합하도록 부리의 모양이 진화했을 거라는 가설을 품게 되었다. 진화론은 그렇게 탄생했다.

지구상의 모든 종은 주어진 환경이나 먹이가 수용할 수 있는 것보다 훨씬 더 많은 후세를 남긴다. 여기서 같은 먹이를 두고 이종 혹은 동종 간의 생존 경쟁이 일어나게 되고, 결국 환경에 적합한 개체만이 살아남게 된다.

이렇게 해서 살아남은 개체의 유전자는 다시 후대로 유전되어, 오랜 시간이 경과하면 조상과는 상당히 다른 개체로 변이되면서 새로운 종으로 태어난다. 다윈은 이것을 **'자연선택'** 이라고 명명했다.

다윈의 진화론은 종교뿐 아니라 생물학, 자연과학은 물론 경제학, 사회학, 인류학, 심리학, 교육학, 철학, 문학 등에 엄청난 영향을 끼쳤다.

자연선택론은 당시 궤도에 오르기 시작하던 자본주의에 기름을 붓는 격이었다. 진화론에 의하면 인간도 하나의 생명체일 뿐, 경쟁은 당연한 것이다. 그리고 그 경쟁에서 승자가 살아남고 패자가 도태되는 것 또한 자연의 선택이라는 주장이 설 자리를 얻게 되었다.

그런가 하면 진화론이 사회주의 이론의 기초가 되는 역설을 낳기도 했다. 진화론을 좀 더 적극적으로 해석하면 현실적인 것은 모두 어느 정도의 모순을 안고 있으며, 그 모순이 심화되면 새로운 형태로 진화되어야 한다는 이야기가 된다.

다윈의 '진화'를 '진보'로 해석한 마르크스는 인간의 탐욕의 기초 위에 선 자본주의는 좀 더 이상적인 사회, 곧 사회주의로 이행하는 것이 숙명이라고 생각했다. 다윈의 진화 개념에 헤겔의 **'변증법'**과 **'유물사관'**을 결합시킨 것이 곧 공산주의 이론의 기초가 되었다. 마르크스는 진화론에 큰 감명을 받았던 모양으로 자신의 《자본론》이 출간되자, 저서에 친필로 사인을 해서 다윈에게 선물했다.

다윈의 진화론은 민족 우월주의나 노예 제도의 이론적 근거가 되기도 했다. 우월한 민족이 열등한 민족을 지배하는 것은 당연하다는 주장의 근거를 진화론에서 찾은 것이었다.

여기서 다윈과 링컨의 명암이 갈리게 된다. 묘하게도 다윈과 링컨은 1809년 2월 12일 같은 해, 같은 날에 태어났다.

다윈의 진화론이 인종 우월주의에 입각하여 노예 제도를 합리화시키는 이론으로 차용된 반면, 모든 인간은 하나님의 형상을 따라 동일하게 창조되었다는 링컨의 메시지는 노예 해방의 기폭제가 되었다.

이것만 놓고 보면 다윈은 인종 우월주의를 주장하고 링컨은 인간 평등을 주장한 것으로 이해될 수도 있지만, 사실은 전혀 그렇지 않다.

링컨이 인간 평등을 주창했다면 다윈은 인간뿐 아니라 모든 생명의 평등을 주창한 사람이었다. 링컨의 사상이 기독교에 가깝다면 다윈의 그것은 불교의 교리와 일맥상통한 데가 있어 보인다.

진화론은 사회학에도 영향을 미쳐 스펜서의 진화사회학이 등장했다. 1864년에 발간된 《생물학의 원리》에서 스펜서는 다윈의 '자연선택'을 '**적자생존**'이라는 단어로 바꿨다. 생존 경쟁에서 가장 적합한 종이 살아남는다는 의미다.

다윈으로서는 자신의 이론을 가장 잘 표현할 수 있는 단어를 빼앗긴 셈이 되어 한동안 이를 쓰지 않았으나, 결국은 그 단어의 매력에 이끌려 《종의 기원》 5판부터 적자생존이라는 말을 쓰기 시작했다. 그리고 지금은 적자생존이 다윈의 트레이드마크처럼 알려지고 있다.

너도 살고 나도 살려면?
'가우스의 법칙'

동일한 **'생태적 지위**Ecological niche'에 있는 두 개체군은 같은 시간과 장소에서는 공존하지 못한다. 풀어서 쓰면 같은 먹이를 먹고 살아가는 두 종의 개체군은 같은 시간, 같은 장소에서 공존할 수 없다는 의미다. 종이 같을수록, 먹이의 유사성이 클수록, 자원의 존재량이 희소할수록 경쟁은 치열해진다.

그리하여 한 종이 다른 한 종을 배제하면서 먹이 자원을 독점하거나 상대편을 극복하지 못하면, 생존 방식을 조금씩 달리하여 공존하게 된다.

우선 종이 완전히 동일한 경우를 보자. 구소련의 과학자 가우스(수학의 가우스와는 다른 사람이다)는 A와 B 두 개의 공간에 한정된 먹이를 주고 A에는 서로 다른 종의 쥐들을, B에는 같은 종의 쥐들을 넣었다. 그러자 A의 쥐들은 곧바로 생존 경쟁이 일어나 강한 쥐가 약한 쥐를 물어 죽였다. 하지만 B의 쥐들은 먹이가 남아 있는 동안은 상당 기간 공존했다.

동일한 생태계에서 유사한 종들은 장기적으로 먹이, 시간, 공간을 달리하지 않으면 공존하지 못한다.

원래 동물성 먹이를 먹는 종이라도 동일한 공간에서는 상대적으로 약한 종이 식물성으로 돌아서기도 한다. 예를 들면 우리나라 생태계를 어지럽히는 주범으로 알려진 블루길의 경우를 보자. 고향인 미시시피강 유역에서는 여러 4촌, 6촌들이 공존해야 했기에 이들은 원래의 식성 대신 식물성 먹이로 대부분을 채웠다.

그러던 것이 먹이가 풍부하고 경쟁자가 없는 우리나라 환경으로 유입되면서 원래의 육식성으로 돌아간 것이다. 이러한 현상을 '생태적 해방Ecological release'이라고 부른다.

비슷한 포식자들은 밤과 낮으로 시간대를 나눠 쓰기도 하고, 같은 물에서라도 상중하로 나눠 공존을 모색하기도 한다. 이것을 '가우스의 법칙', 혹은 '경쟁 배타의 원리'라고 한다.

지구는 살아 있다!
'가이아 이론'

20세기 후반까지의 지구는 대기권에 둘러싸인 거대한 무기체였다. 그러다가 1978년 제임스 러브록은《지구상의 생명을 보는 새로운 관점》이라는 책에서 지구는 생명체와 무생물인 대지, 대기, 바다 등이 상호 작용하면서 스스로 진화하고 변화해나가는 유기체라는 주장을 펼치기에 이르렀다.

지구의 생명체들이 스스로 생존에 적합하도록 지구의 온도와 산소의 농도를 조절해나가는 것이 유기체론의 증거라는 주장이었다. 나아가 지구의 생명체들은 환경에 피동적으로 적응해가는 것이 아니라 좀 더 능동적으로 자신에 적합한 환경을 만들어가고 있으며, 지구 환경과 유기적인 관계를 형성하고 있다는 것이 '**가이아 이론**'이다.

책이 나온 지 10년 만에 러브록은 미우주항공국ₙₐₛₐ의 태양계 행성에 대한 생명체 연구에 참여하면서 살아 있는 지구에 대해 더욱 확신하게 되었다.

금성이나 화성은 지구와는 앞서거니 뒤서거니 하는 가까운 행성들이지만, 대기는 생명체가 살 수 없는 환경이었다. 금성과 화성의 대기는 이산화탄소가 95%를 점하고 있는 반면, 지구의 이산화탄소는 0.03%밖에 되지 않는다. 온도도 마찬가지였다.

지구의 대기 구성도 처음부터 이렇지는 않았을 것이다. 지구에 생명체가 태어나면서 지구 환경이 생명체에 적합하도록 진화한 것이다. 가장 원시적인 생명체였던 세균과 바다의 조류藻類들이 광합성을 통해 이산화탄소를 흡수하고 산소를 내뿜기 시작했다. 그 결과 점차 이산화탄소의 비중은 줄고 산소의 비중이 높아졌다. 이것은 다시 좀 더 많은 산소를 필요로 하는 다양한 생명체들의 등장을 도와줬다.

그리고 이 산소의 양은 식물의 광합성과 물질의 순환을 통해 생명체들의 생존에 적합한 수준에 멈춰 있다. 또 지구를 구성하는 주요 원소인 탄소, 질소, 인, 황, 염소 등은 생명체의 매개로 대륙과 해양을 오가며 순환하고 있다.

대기 중의 이산화탄소는 0.03% 정도지만 화산활동이나 산불 등에 의해 농도가 짙어지기도 한다. 그러면 지구는 다시 열대우림의 왕성한 광합성에 의해 이를 흡수하고 일정 수준을 유지한다. 오존층은 지구의 온도를 적절하게 유지시켜주고 생물체에 유해한 자외선을 차단시켜주는 것으로, 이것은 바다 표면에 서식하는 말류의 화학 작용에 의해 조절된다.

　이를 근거로 러브록은 지구가 다양한 생명체와 무생물인 대지, 바다, 대기 등이 어우러진 거대한 유기체라고 주장했다. 그리하여 지구상의 생명체들을 단순히 지구 환경에 소극적으로 적응하는 존재가 아니라, 지구 환경을 생존에 적합하도록 변화시키는 능동적이고도 적극적인 존재로 본 것이다. 이것이 가이아 이론이다. 가이아는 그리스 신화에 나오는 대지의 여신, 지구를 은유적으로 표현한 말이다.

　가이아 가설에 의하면 지구는 스스로 생존에 적합한 환경을 만들어가는 능력, 즉 '항상성恒常性, homeostasis'이 있어야 한다. 항상성이란 생물계가 최적의 생존 조건을 맞춰 가면서 이를 유지하려는 자율 조절 기능을 가리키는 말이다.

　러브록의 주장은 나오자마자, 과학계의 반론에 직면하게 되었다. 특히 《이기적 유전자》를 쓴 당대 최고의 진화생물학자 도킨스로부터 사이비 과학이라며 혹독한 비판을 받았다.

그러나 환경주의자들은 그의 주장을 열렬히 환영했다. 인간은 산업혁명 이후 무차별적으로 자연을 파괴했다. 자동차의 배기가스, 오존층 파괴, 열대우림의 파괴로 유기체인 지구를 병들게 만들었다. 그는 지금 지구상에서 일어나고 있는 자연 파괴로 지구가 자생 능력을 잃어가고 있다고 주장한다.

이것이 환경 운동가들의 주장과 맞아떨어진 것이다. 러브록에 의하면 지구온난화, 기상이변, 천재지변 등은 지구가 이미 병들었다는 것을 의미한다. 그는 지구 질병의 근본적인 요인으로 핵무기, 오존층 파괴, 공장과 자동차에서 배출하는 이산화탄소, 열대우림의 파괴 등을 들고 있다.

그중에서도 열대우림의 파괴가 가장 위험하다고 주장하고 있다. 열대우림은 산소와 탄소량을 조절하고, 수증기를 내뿜어 구름을 만들고, 비를 내리게 하여 생명체에 필요한 환경을 조절한다.

러브록은 인간의 이기적인 행동이 당장 중지되지 않으면 지구는 자율 조절 기능을 상실하여 엄청난 재앙이 닥칠 것이라고 경고했다. 이른바 인간에 대한 **'가이아의 복수'**인 것이다.

왜 전쟁 기간에는 물고기 수가 줄어들까?
'볼테라의 법칙'

자연계가 추구하는 것은 평형이지만 온전한 평형을 유지하는 것은 순간일 뿐, 자연계는 늘 요동치면서 평형을 향해 나아간다.

제1차 세계대전 기간에 아드리아해는 이탈리아 해군이 오스트리아와 헝가리 해군을 맞아 치열한 접전을 벌이던 곳이었다.

생태학자 단코나는 전쟁이 끝난 후, 바다 생태계를 조사하던 중 놀라운 사실을 발견했다. 전쟁 동안 고기를 잡지 않았음에도 물고기 개체수는 상당히 줄어든 반면, 상어와 육식어의 개체수는 전쟁 이전보다 월등히 높아져 있었던 것이다.

단코나는 이 같은 사실을 수학자 볼테라에게 상의했다. 여기서 나온 것이 '**볼테라의 법칙**'이다.

편의상 바다에 사는 많은 종의 물고기들을 포식자와 피포식자로 나누기로 하자.

어업활동이 활발해지면 물고기가 줄어들지만 이를 먹이로 하는 육식 어종의 개체수도 감소한다. 상어로서는 먹이를 어부들에게 **빼앗**기는 결과가 되는 것이다. 상어의 수가 줄어든다는 것은 물고기로서는 천적이 사라진다는 의미, 따라서 물고기의 수는 의외로 빨리 늘어난다.

반대로 전쟁으로 인해 어업활동이 중지되면 먹이가 많아지게 되고, 이는 상어의 먹이가 풍부해지는 결과를 낳는다. 그렇게 하여 상어의 개체수는 늘어나는 반면, 물고기는 오히려 감소한다는 이론이다. '**자연계의 역설**'이라고 할 수 있다.

마오쩌둥 시절 중국에서는 아까운 벼를 쪼는 참새를 박멸하자며 대대적인 참새 박멸 운동을 벌였다. 몇 년 후 참새는 대폭 줄어들었지만, 그만큼 벼 수확량도 줄었다. 천적인 참새가 줄어들자, 해충의 개체수가 몇 배로 늘어나 벼농사를 망치게 된 것이다.

살충제를 사용하여 벼농사를 망치는 해충을 대대적으로 박멸하면 어떤 결과가 나타날까?

살충제로 해충이 죽으면 해충을 먹고 사는 새들도 죽게 된다. 새들은 살충제에 오염된 해충을 먹어서도 죽고, 먹이가 부족해서도 죽는다. 결과적으로 천적이 줄어들어 해충의 숫자는 오히려 더욱 늘어나게 되는 것이다.

볼테라의 모델은 후에 미국의 화학자 로트카에 의해 좀 더 정교하게 정리되었다. 지금은 '로트카–볼테라의 법칙'으로 알려지고 있다.

이런 현상은 인간사에도 그대로 적용된다. 서민을 위한다고 생필품 가격을 인위적으로 통제하면 업자들은 수지가 맞지 않는 그 상품의 생산을 줄이게 되고, 그 결과 가격은 더욱 올라 서민들은 더 큰 고통을 겪게 되는 것이다.

성공하려면 임계치를 뛰어넘어라,
'활주로 이론'

에디슨이 축음기를 발명할 당시, 여기에 도전하는 사람은 한둘이 아니었다. 그러나 에디슨을 제외한 다른 사람들은 중도에 포기하고 말았다. '소리를 어떻게 가둘 수 있느냐?'는 주위의 비난 때문이었다.

그러나 에디슨은 왁스를 녹인 원통형 판에 바늘로 소리를 기록하는 장치를 만들어냈다. 에디슨이 축음기 발명에 성공했다는 소식이 전해지자, 여기에 도전했던 사람들은 이렇게 말했다.

"조금만 더 노력했더라면 내가 먼저 발명할 수 있었을 텐데……."

1877년 8월 12일, 에디슨은 친구들과 함께 최초의 녹음을 시도했다. 그 노래는 'Mary has a little lamb(메리에게 작은 양 한 마리가 있었네)'였다. 에디슨은 축음기가 요즘과 같은 상업적 가치를 가질 것이라고는 꿈에도 생각하지 못했다. 그러나 축음기의 발명으로 음악이라는 상품은 날개를 달게 되었다.

성공학을 연구하는 사람들의 이야기를 들어보면 성공한 사람과 실패한 사람의 차이는 그리 크지 않다고 한다. 또 실패한 사람의 95%는 처음부터 무언가 잘못되어 실패한 것이 아니라, 성공의 고지를 바로 눈앞에 두고 포기한 경우다. 물을 넘치게 하는 것은 마지막 한 방울이라는 것이다.

여기서 **활주로 이론**이 나온다. 비행기가 이륙하기 위해서는 양력이 비행기의 중량보다 커져야 한다. 양력은 날개의 구조, 추진력, 활주로를 달리는 거리와 시간에 따라 다르다. 그래서 날개의 구조가 동일하다고 가정하면 다음과 같은 공식이 성립된다.

양력＝추진력×t^2(활주로를 달린 시간의 제곱)

기종에 따라 다르지만 점보 여객기라면 260~300km/h의 속도로 1,800m 정도를 달려야 이륙에 필요한 양력을 얻을 수 있다. 여기에는 두 가지 조건이 필요하다.

① 일정 속도 이상이어야 한다.

② 일정 거리/시간 이상 질주해야 한다.

이것은 완전 조건이어서 두 가지 중 어느 하나가 조금만 모자라도 비행기는 이륙하지 못한다. 한계 속도 이상으로 일정 거리/시간 이상을 전력으로 질주해야, 이륙에 필요한 양력을 얻을 수 있다.

이를 공부에 비유하자면 온종일 책상 앞에 앉아 있어도 일정 수준 이상 집중하지 않으면 소용이 없으며, 아무리 집중적으로 공부를 해도 절대 시간 이상 노력하지 않으면 소용이 없다는 말이 된다.

절대 수준의 강도와 절대 시간, 이 두 가지가 학습의 핵심이라는 이야기다.

왜 성적은 몰아서 한꺼번에 오르지?
'퀀텀 점프 이론'

활주로 이론과 유사한 것으로 '**퀀텀 점프 이론**'이라는 것이
있다. 다른 말로는 '대도약' 혹은 '비약적인 발전' 정도가 될
것이다. 양자물리학에서 나오는 용어다. 영어의 Quanta는
Quantum의 복수형으로 에너지 덩어리라는 의미다.

고전물리학이 뉴턴, 맥스웰 등에 의해 체계가 잡혔다면 양
자역학은 20세기에 들어서서 체계가 잡힌 분야다. 뉴턴이 사물
의 운동을 공식으로 정립했다면, 맥스웰은 전기 현상을 공식
으로 정립한 사람이다. 이에 비해 양자역학은 원자와 빛의 세
계를 규명한 이론이었다.

현대물리학이 규명한 원자의 구조는 중심에 원자핵이 있고

그 주위를 전자가 돌고 있는 형태다. 원자핵을 중심으로 전자들이 여러 층의 껍질을 형성하고 있다 하여 전자 껍질이라고 부른다.

다시 전자 껍질을 이루는 전자 궤도의 수는 전자수에 따라 다르다. 궤도마다 수용할 수 있는 전자수가 다르기 때문이다. 1궤도는 전자를 2개까지 담을 수 있으며 2궤도는 8개, 3궤도는 18개 하는 식이다.

궤도별로 수용할 수 있는 전자의 개수는 다음 공식을 기억하면 편리하다.

1궤도(K) = 2n (n=1)

2궤도(L) = 2n (n=2)

3궤도(M) = 2n (n=3)

원자가 1인 수소나 원자가 2인 헬륨은 전자 궤도 하나로 충분하다. 17개의 전자를 가진 염소는 1궤도에 전자 2개, 2궤도에 전자 8개, 3궤도에 전자 7개 이런 식으로 3개의 전자 궤도가 필요하다. 전자수가 92개나 되는 우라늄이라면 여러 개의 전자 궤도가 필요하다.

이 전자 궤도에 임계치 이상의 에너지가 가해지면 전자는 자신의 궤도를 한 단계 뛰어넘어 더 높은 궤도로 비약한다. 이것을 퀀텀 점프라고 부른다.

여기서 '**임계치 이상의 에너지**'라는 말에 주목해보자. 임계치 이상의 에너지가 가해져야 전자가 한 단계 비약하게 되고, 그러면 물질의 본질도 변하게 된다. 즉 본질적인 변화는 점진적으로 이루어지는 것이 아니라, 계단을 오르듯이 불연속적으로 어느 한순간에 이루어진다는 것이다.

이것은 어떤 개체가 정도의 차이가 아닌, 질적인 변화를 이루어내려면 내부에 품고 있는 전자의 전위가 한 단계 더 높이 뛰어올라야 함을 뜻한다.

이를 인간사에 비유해보면, 개인이나 사회가 한 단계 더 높은 수준으로 발전하기 위해서는 근본적인 변화가 있어야 한다는 의미다.

마의 벽을 뚫어라!
'형태장 이론'

물고기나 새들은 집단이 일시에 같은 방향으로 움직이거나 날기 시작하고 앉는다. '무언가 동일한 텔레파시의 장 같은 것을 공유하는 게 아닌가' 하는 생각이 들기도 한다.

일본의 한 섬에서 이루어진 유명한 원숭이 실험을 보자. 1950년대 일본 미야자키의 한 무인도에서 흙이 묻은 고구마를 원숭이들에게 던져 주면서 어떤 반응을 보이는지 실험했다. 처음에는 흙이 묻은 고구마를 털어서 먹으려는 시도가 고작이었다.

그러다가 어느날 원숭이 한 마리가 고구마를 바닷물에 씻어서 먹는 방법을 발견하자, 주위 원숭이들이 하나둘 이를 따라 하기 시작했다. 그러다가 100번째 원숭이가 이를 따라 하자, 갑자기 고구마 씻어 먹기의 행태는 섬 전체로 퍼져 나갔다. 그리고 이들과 멀리 격리되어 있던 같은 종의 다른 원숭이들도 이를 따라 했다.

영국의 심리학자 맥두걸의 쥐 실험도 이와 비슷하다. 쥐가 복잡한 미로에서 얼마나 빨리 출입구를 찾느냐는 실험이었는데, 첫 번째 쥐는 250번을 반복하여 미로를 빠져나왔다. 그런데 22번째 쥐는 25번 만에 빠져나왔다. 미로를 찾는 능력이 10배나 늘어난 것이다. 할아버지는 스마트폰을 배우는 데 몇 달이 걸리지만, 손자는 며칠이면 충분한 것과 같다.

어떤 행위를 하는 개체의 수가 임계치, 즉 일정 수준에 이르면 특정 행동이 하나의 에너지의 장場, field을 형성하여 순식간에 그 종 전체로 전파되는 것이다.

스포츠에서는 마의 벽이라는 개념이 있다. 인간으로서는 뛰어넘기 힘든 기록을 가리키는 말이다. 그러나 어느 한 선수가 오래도록 깨지지 않던 그 기록을 깨뜨리고 나면, 우후죽순처럼 신기록이 쏟아져 나온다.

어떤 행위를 하는 개체의 수가 일정량에 달하면 그 행동이 그 집단에만 국한하지 않고, 공간을 넘어 확산돼 가는 생태계의 불가사의한 현상을 말한다.

영국 케임브리지 출신의 생물학자 루퍼트 쉘드레이크는 이러한 현상을 **'형태장'**이라는 새로운 개념으로 설명하고 있다. 질량을 가진 물체끼리 당기는 힘의 공간을 **'중력장'**이라 하고, 전기를 띈 물체끼리 밀거나 당기는 힘의 공간을 **'전자기장'**이라 한다.

이와 같이 물체가 특정한 형태로 자리잡게 되면, 뒤따라 생겨나는 분자들도 비록 다른 시간과 공간일지라도 동일한 형태로 자리잡는다는 것이다.

형태장 개념은 생명체의 형성뿐만 아니라, 생각의 전달과 사조思潮, trend의 형성에도 나타난다. 하나의 사조가 임계치에 이르면 지수적指數的, exponential인 형태를 띠며 빠르게 번지는 현상을 가리키는 말이다.

하나님, 지구가 돌아요!
'케플러의 법칙'

플라톤, 아리스토텔레스, 프톨레마이오스로 이어지는 천동설은 1400년 동안 절대 불변의 진리였으며, 철학이었고, 종교였다.

15세기의 코페르니쿠스와 16세기의 갈릴레오가 지동설을 주장했지만, 프톨레마이오스의 천동설을 능가할 정도로 정교하지는 못했다. 여기에 독일의 천문학자 요하네스 케플러가 등장하여 지동설을 완성하게 되었다.

케플러의 스승 브라헤는 망원경도 없던 시절에 육안으로 천체를 관측하여 방대한 기록을 남겼다. 그러나 수학적인 지식이 부족하여 이론으로 정립하지 못하고 있었다.

케플러는 스승이 남겨 준 자료를 가지고 화성의 궤도를 연구했다. 그러나 스승의 자료가 맞는 것이라면 화성은 온전한 원 운동이 아니었다. 원이라고 규정하기에는 각도에서 8° 정도의 차가 났던 것이다. 무시할 수도 있었지만 완벽주의자였던 그는 적당히 얼버무리지 않았다.

이 8°의 차이를 규명하기 위해 그는 8년 동안 매달렸다. 그러다가 세운 가설이 화성의 궤도가 타원이라는 것이었다. 그렇게 가정하자, 화성의 움직임이 스승의 관측과 정교하게 들어맞았다. 그리하여 찾아낸 것이 타원 궤도였다.

여기서 케플러는 '모든 행성은 태양을 한 초점으로 두는 타원 궤도를 그리며 태양을 돌고 있다'는 제1의 법칙을 내놓았다.

그러나 이것으로 모든 것이 설명되는 것은 아니었다. 만약 행성의 궤도가 타원이라면 행성과 태양의 거리는 수시로 변한다. 행성이 태양에 가장 근접할 때의 위치를 **'근일점'**, 가장 멀어질 때의 위치를 **'원일점'**이라고 한다면 행성의 속도는 근일점에서 빨라지며 원일점에서 느려진다. 그는 이 법칙을 다시 정립하지 않으면 안 되었다.

여기에도 분명 어떤 수학적인 법칙이 있을 것이라고 생각한 그는 마침내 제2법칙을 도출하기에 이르렀다. '행성과 태양을 연결하는 직선이 단위 시간당 그리는 부채꼴의 면적은 동일하다는 것이다.

제1·2법칙을 발표한 이후에도 케플러는 행성 연구의 끈을 놓지 않았다. 그는 주기가 원에 가까운 행성은 공전 주기가 짧은 반면, 타원에 가까운 행성은 길어진다는 점을 수학적으로 규명하려고 했다.

마침내 제1법칙 발표 13년 만에 케플러는 제3법칙을 내놓았다. '행성의 공전 주기는 궤도의 장반경이 클수록 커지며, 그 정도는 공전 주기의 제곱이 장반경의 세제곱에 비례한다'는 내용이었다. 이것이 **케플러의 법칙**이다.

왜 선거 때만 되면 사건이 일어날까?
'베버의 법칙'

개구리를 뜨거운 물에 집어넣으면 깜짝 놀라서 뛰쳐나온다. 하지만 차가운 물속에 넣어 두고 조금씩, 서서히 열을 가하면 개구리는 죽고 만다. 물이 뜨거워지는 것을 느끼지 못하기 때문이다.

사람의 감각도 마찬가지다. 우리의 감각은 기존의 자극보다 일정 비율 이상 더 큰 자극이 주어져야만 그 차이를 느낄 수 있다.

독일의 생리학자 베버는 역도에서 이 법칙의 힌트를 얻었다. 300g의 추를 오른손에 들고 있을 때, 왼손에 305g의 추를 들고 있어서는 그 차이를 쉽게 알 수 없다. 306g 이상의 무게가 되어야 왼손의 추가 더 무겁다는 것을 느끼게 된다는 것이다. 또 오른손에 든 추가 600g이 되면 이번에는 왼손의 추가 612g이 되어야 비로소 차이를 느낄 수 있다. 즉 두 배 이상의 자극이 가해져야 차이를 느낄 수 있는 것이다.

정리하자면 '같은 종류의 두 자극을 구별할 수 있는 최소 차이는 자극의 세기에 비례한다'는 것이 '**베버의 법칙**'이다.

처음의 자극이 약할 때에는 다음의 자극이 조금만 강해도 자극의 변화를 느낄 수 있으나, 처음의 자극이 강할 때에는 일정 비율 이상의 자극이 주어져야만 그 차이를 느낄 수 있다는 것이다. 밤에는 작은 촛불도 밝게 느껴지지만, 낮에는 형광등을 켜도 잘 느끼지 못하는 것과 같다.

현실로 눈을 돌려보자. 우리나라처럼 각종 사건, 사고가 많이 일어나는 나라에서는 웬만한 사건은 그냥 덤덤하게 느껴진다. 금융 사건이라면 몇 억, 몇 십억은 일상적으로 봐왔던 것이기에 그리 심각하게 느껴지지 않는다. 적어도 몇 백억 정도는 되어야 피부로 느끼게 된다.

군인들이 힘들게 훈련을 하는 것도 베버 효과를 노린 것이다. 힘들게 훈련하고 나면 실제 전투가 벌어져도 그리 힘들게 느껴지지 않는다는 것이다.

이러한 베버의 법칙은 정치적으로 이용되기도 한다. 집권자들에게 불리한 사건이 터지면, 다른 더 큰 사건을 터뜨려 무감각하게 만드는 것이다. 이전의 정권에서 선거 때만 되면 터지던 북풍 사건 같은 것이 그러한 사례다.

조직에서도 종종 애용되고 있다. 회사에서 눈엣가시처럼 미운 사람이 있을 때, 그 사람을 쫓아낸다면 누구나 미운털이 박혀서 그렇다는 것을 눈치챌 것이다. 그러나 그 사람과는 상관없는 부서에서 먼저 인원 감축을 단행한 다음에, 미운 사람을 쫓아내면 아무도 알아채지 못하게 된다.

자동차 속도는 어떻게 측정할까?
'도플러 효과'

빈 대학의 물리학 교수 도플러는 일상생활에서 마주칠 수 있는 아주 평범한 사실 하나에 의문을 제기했다. 그는 기차가 다가오면서 내는 기적 소리와 지나가면서 내는 기적 소리, 또는 정지된 상태에서 내는 기적 소리의 크기가 모두 다르다는 사실을 확인했다. 그리고 이를 수학적으로 규명하는 연구에 매달렸다.

그 결과 소리의 크기, 파동의 주파수는 파원波源과 관측자의 상대적인 속도에 따라 다르게 관측된다는 사실을 확인할 수 있었다.

예를 들면 기차가 달려오면서 울리는 기적 소리는 연속된 음파들의 간격이 짧아지면서, 멈춰 있는 기차가 내는 기적 소리보다 훨씬 더 크게 들린다는 것이다. 반대로 기차가 멀어져 갈 경우에는 연속적인 음파들의 간격이 길어지면서 낮은 소리로 들리게 된다. 이는 관측자가 움직이는 경우도 마찬가지다.

1842년 도플러는 속도와 소리의 고저高低에 대한 수학적인 관계식을 완성하여 이를 자신의 이름을 딴 **도플러 효과**로 명명했다. 이를 정리하면 도플러 효과는 파동을 발생시키는 파원과 그 파동을 관측하고 있는 관측자 중 하나 이상이 운동하고 있을 때, 파동의 진동수(주파수)가 다르게 나타나는 현상이다.

도플러 효과에 의하면 파원과 관측자 사이가 멀어지면 진동수가 낮아지고, 가까워질수록 진동수가 높아진다. 또한 진동의 속도가 빠를수록 효과는 더 크게 나타난다. 이 원리를 이용한 것이 자동차 속도 측정계다.

도플러 효과는 파동의 성질을 가진 빛이나 전자파에도 적용된다. 멀어져 가는 광원에서 방출된 빛은 도플러 효과에 의해 진동수가 낮아져 붉은색으로 보이는 반면, 그 반대의 경우에는 푸른색으로 보이게 된다. 붉게 변하는 현상을 적색편이라고 부르고, 푸르게 변하는 것을 청색편이라고 부른다.

이 원리를 이용하여 은하계를 관측한 결과, 멀리 있는 은하계일수록 적색편이 현상이 더욱 강하게 나타났다. 즉 멀리 있는 은하계일수록 지구로부터 더 빨리 멀어진다는 사실을 발견한 것이다.

이것은 '**허블의 법칙**'으로 우주 팽창의 이론적 근거가 되었다. 이것으로 우주가 고정되어 있을 것이라던 종래의 우주관은 깨지고 말았다.

그러나 빛이나 특수 상대성 이론에서의 중력과 같이 매개체가 필요 없는 파동의 경우에는 매질의 영향력은 사라지고, 파동원과 관찰자의 상대적인 속도만이 도플러 효과에 영향을 미친다.

모든 물체는 지름길로 움직인다!
'최소 작용의 원리'

뉴턴의 운동 방정식은 F=ma로, 임의의 물체 X가 받는 힘 (F)은 힘을 가하는 물체 Y의 질량(m)과 가속도(a)를 곱한 값과 같다는 내용이다. 이것을 가속도 a에 대해서 풀면 a=F/m가 된다. 즉 물체 X가 움직이는 속도는 Y로부터 가해지는 힘(F)에 비례하고 X의 질량에 반비례한다. 이것이 뉴턴의 제2법칙으로 보통 **'뉴턴의 운동 법칙'**으로 불린다.

'관성의 법칙'으로 불리는 뉴턴의 제1법칙은 가해지는 힘(F)이 '0'인 특수한 경우다. 또 물체 X가 받는 힘은 Y가 가하는 힘과 방향이 반대일 뿐 힘의 크기는 동일하다. 이것은 뉴턴의 제3법칙으로 **'반작용의 법칙'**이라고 불린다.

이것이 바로 상대성 이론 다음으로 유명한 뉴턴의 방정식이다. 사람들은 대부분 뉴턴의 이 위대한 방정식이 대자연의 이치를 수학적인 추론을 통해 연역적으로 얻은 것으로 믿는다. 그러나 이는 사실과 전혀 다르다. 상상력의 천재였던 뉴턴이 그냥 'F＝ma가 되지 않을까?' 하고 가정해본 것일 뿐이다. 그것이 검증을 거쳐 결과적으로 옳은 것으로 판명되었던 것이다.

그렇다면 F＝ma가 되어야 하는 필연적인 이유는 무엇이란 말인가?

뉴턴 사후 대략 100년의 세월이 흐른 18세기, 두 명의 수학자가 뉴턴 역학의 전도사로 나섰다. 스위스 태생의 레온하르트 오일러와 이탈리아계 프랑스인 조셉 루이 라그랑주 두 사람이었다. 이들은 F＝ma가 되어야 하는 근본적인 요인에 대해 의문을 품기 시작했다.

여기서 두 사람은 미분 가능한 방정식에서 최대, 최소점에서의 접선 기울기는 항상 '0'이 된다는 사실에 주목했다. 최대, 최소, '0', 이 세 가지 사항에 대해 철학적인 의미를 궁구하던 그들은 세상 모든 물체의 움직임에는 **최소 작용의 원리**가 적용된다는 사실을 밝혀냈다.

그들이 정립한 '**오일러─라그랑주 방정식**'을 말로 풀이하면 다음과 같다.

"모든 물체는 외부에서 가해지는 에너지를 흡수하는 방향으로, 최단 경로를 따라, 최소의 에너지로 움직인다."

이 원리를 이용하여 운동 방정식을 유도한 결과, 뉴턴의 운동 방정식과 완전히 일치했다. 이로써 뉴턴의 역학은 탄탄한 반석 위에 올라설 수 있었고, 만물의 움직이는 이치를 명쾌하게 설명해줬으며, 물리학에 대한 사유의 폭을 획기적으로 넓혀 줬다.

뉴턴의 물리학이 단순히 원인-결과를 인과적으로 설명해주는 것이라면, 오일러·라그랑주의 원리에서는 원인과 결과가 맞물려 있게 된다. 즉 움직이는 물체는 가장 빠른 지름길을 알고 그 길을 찾아간다는 이야기다.

이 원리가 아니었으면 아인슈타인의 **'상대성 이론'**이 훨씬 더 늦어졌을지도 모를 일이다.

화학 비료는 어떻게 생겨난 것일까?
'최소량의 법칙?'

식물의 광합성을 보자. 광합성에는 이산화탄소, 태양 광선, 온도 등이 필요하다. 여기서 두 가지 요소는 풍부하지만 하나의 요소가 부족하면 광합성은 어느 정도 일어날까?

예를 들어 탄소가 부족하면 광합성은 탄소를 소진할 때까지만 이루어진다. 남자가 수백 명 있어도 여자가 10명뿐이면 결혼은 10쌍밖에 성립되지 않는다.

식물의 성장에서 이러한 법칙이 적용된다는 사실을 처음 규명한 사람은 독일의 식물학자 유스투스 폰 리비히였다. 리비히는 1843년 '식물의 성장에 필요한 요소 중 성장을 좌우하는 것은 넘치는 요소가 아니라, 가장 부족한 요소다'라는

'최소량의 법칙'을 내놓았다.

그에 의하면 생물의 생장은 그 생물이 필요로 하는 양에 비교하여 가장 낮은 농도로 존재하는 필수 원소에 의해서 제한된다는 것을 의미한다. 즉 작물의 수확량은 그 작물이 필요로 하는 성분 중에서 이산화탄소나 물처럼 풍부하게 존재하는 요소가 아니라, 극소량인 붕소와 같은 어떤 원소에 의해 제한된다는 것이다. 이것을 **'최소 양분율'** 혹은 **'최소율'**이라고도 부른다.

여기서 리비히는 자신의 법칙을 뒤집어 생각해봤다. 식물의 성장에 필요한 3대 요소는 질소, 인산, 칼륨이다. 이 중 어느 한 요소가 부족하여 식물의 성장이 제어된다. 그래서 그 부족한 성분 하나를 보충해주면 식물이 제대로 자랄 수 있지 않을까? 이렇게 하여 탄생한 것이 화학 비료다.

주가를 움직이는 요인은 매출, 순익, 금리, 통화량, 환율, 주식의 수요와 공급량, 유가, 국제 수지, 국제 정세 등 다양하다. 이렇게 다양한 요소 중에서 어느 한 요소가 최악의 상태에 놓여 있다면 기업의 자산 가치가 아무리 높아도 주가는 오르지 않게 된다.

또한 사람은 아무리 장점이 많아도 정직하지 못하다거나 성실하지 못하면, 그 사람에게서 모자라는 정직과 성실이라는 요소에 의해 평가된다.

  성공에 노력과 재능, 두 가지 요소가 필요하다고 가정해보자. 이럴 경우 성공은 노력만으로도 안 되고 재능만으로도 안 된다. 성공을 위해 '10'이라는 노력과 '10'이라는 재능이 필요하다고 할 때, 어떤 사람이 '15'의 재능을 가졌다고 해서 '5'의 노력만 들인다면 그는 성공을 이룰 수 없다는 것이다.

  여기에 '운'이라는 제3의 요소를 더해보면 더욱 재미있다. 재능 있는 사람이 열심히 노력해도 성공하지 못하는 것을 주위에서 흔히 볼 수 있다. 여기에 이 법칙을 적용하자면 그는 '운'이라는 요소가 부족한 것이다.

이룰 수 없는 영구 기관의 꿈,
'에너지 보존의 법칙'

인류가 오랫동안 버리지 못한 실현 불가능한 꿈이 3가지 있다. 불로장생의 약인 불로초를 찾는 것과 납, 구리, 주석등 값싼 금속으로 황금을 얻고자 했던 연금술 그리고 외부 에너지의 유입 없이 영구적으로 작동하는 **영구 기관**永久機關, Perpetual motion machine'이다.

이 중 불로초와 연금술은 19세기 이후 꿈을 접었지만 영구기관은 지금도 많은 사람이 집념을 불태우고 있는 분야다.

영구 기관의 꿈은 유구한 역사를 지니고 있다. 고대 그리스의 과학자 아르키메데스는 스크루로 물을 순환시켜 수차를 계속해서 돌릴 수 있다며, 최초로 영구 기관을 제안한 사람이었다.

각국의 특허청 직원들을 가장 곤혹스럽게 하는 것도 영구 기관을 발명했다며 찾아오는 몽상가들이다. 우리나라도 예외는 아니다. 영구 기관을 만들었다며 출원하는 특허 건수가 매년 증가하고 있는 추세다.

비교적 가까운 사례 하나를 보자. 몇 년 전 우리나라에서 물을 연료로 하는 영구 기관을 만들었다면서, 650명으로부터 32억 원의 투자금을 모아 가로챈 사기꾼이 법정에 섰다.

법정에 선 그는 사기가 아니냐는 판사의 질문에 "시연을 해 보이면 알 것 아니냐?"며 시연을 위해 보석을 신청했다. 재판부는 이를 받아들였고, 첫 번째 시연은 실패로 돌아갔다. 한 번만 더 기회를 달라는 사기꾼의 말에 다시 한 번 기회를 주자, 그는 도망가 버렸다.

영구 기관을 발명했다는 사람들의 이야기는 아주 그럴싸하다. 밀폐된 공간에 선풍기와 풍력 발전기를 설치하고 단 한 번의 전기 공급으로 일단 선풍기를 돌린다. 선풍기에서 나오는 바람으로 풍력 발전기를 돌려서 전기를 일으키고, 그 전기는 다시 선풍기를 돌릴 수 있다는 것이 그들의 주장이다. 또한 영구 자석을 이용한 멈추지 않는 회전체, 사방이 거울로 된 방에 빛을 비추면 그 빛은 반사에 반사를 거듭하여 마침내 영구적으로 빛을 낼 수 있으리라는 생각 등이 그러하다.

그 외에도 초전도체나 영구 자석을 이용한 영구 기관, 전기 장치를 이용한 영구 기관, 열과 빛을 이용한 영구 기관, 심지어는 염력으로 바퀴를 돌릴 수 있다는 신비주의자에 이르기까지 다양하다.

자칭 영구 기관 발명가들 중에는 실제로 이의 가능성을 믿는 사람들도 있지만, 불가능하다는 것을 알면서 사기를 치는 사람들도 많다.

18세기 독일인 오르피레우스는 작은 톱니바퀴와 추의 낙하를 정교하게 연결시켜 바퀴를 영구적으로 돌릴 수 있다며 모형까지 만들어 사람들을 속였다. 그는 그 장치를 가지고 유럽의 귀족, 부유층으로부터 거액을 끌어모았다. 러시아 황제 피오트르도 10만 루블을 사기당할 뻔했다. 결국 사기 사건으로 판명되었는데, 사기 수법은 기계 장치의 중요 부분을 가리고 그 안에 사람이 숨어서 밧줄로 바퀴를 움직이게 하는 방식이었다.

미국인 존 킬리 역시 탁월한 사기 솜씨를 발휘했다. 그는 물을 진동시켜 거기서 나오는 에너지를 증폭시키는 방식으로 영구 기관을 발명했다며, 실험실까지 차려놓고 투자가들로부터 100만 달러를 끌어들였다.

투자가들이 기계 제작을 촉구하자, 그는 이런저런 핑계를 대며 20년 동안이나 이를 피했다. 결국 100만 달러는 그의 호화판 생활비로 모두 탕진되었다. 그가 죽고 난 후, 그의 실험실을 조사했다. 그랬더니 마루 밑에 압축 공기 탱크를 설치해놓고서, 그 압축 공기의 힘으로 바퀴를 돌려 사람들을 속인 것이 드러났다.

자칭 영구 기관 발명가들의 특허 출원에 몸살을 앓던 각국 특허청에서는 기발한 방법으로 이들의 특허를 따돌리고 있다. 미국 등 몇몇 나라에서는 특허 신청 서류와 함께 실제로 작동하는 모형을 첨부하도록 명시하여 특허 출원을 거절하고 있다. 프랑스 과학 아카데미에서는 1775년 이래 영구 기관을 발명했다는 제보 자체를 아예 받지 않고 있다. 우리나라는 '선출원주의'를 핑계로 이들을 돌려보내고 있으나, 여전히 방문객이 끊어지지 않고 있다.

열역학 제1법칙에 의하면 하나의 계 system 가 가지고 있는 에너지는 형태만 바뀔 뿐 에너지의 총량은 일정하다. **'에너지 총량 불변의 법칙'**은 헬름홀츠 마이어와 제임스 줄에 의해 규명되었다. 즉 영구 기관은 열역학 제1법칙에 정면으로 위반되는 것이므로 이루어질 수 없는 꿈이다.

영구 기관이 성립되기 위해서는 투입되는 에너지 없이, 혹은 투입된 에너지보다 더 많은 에너지를, 그것도 영구적으로 생산할 수 있어야 한다. 그러나 실제로는 투입된 에너지와 동일한 양의 에너지를 얻는 것도 불가능하다. 열효율 때문이다.

자동차라면 가솔린을 태워서 얻은 에너지가 전부 자동차 주행으로 사용되는 것이 아니라, 상당 부분의 에너지가 엔진을 데우는 데에 쓰이며 배기가스와 타이어 마찰로 사라진다. 그래서 연소된 가솔린 에너지의 30~40% 정도만이 자동차를 움직이는 데에 사용된다.

우리나라 화력 발전소의 평균 효율이 약 41%며, 천연가스 복합 화력 발전소의 효율은 49% 정도다. 그런 의미에서 투입된 에너지보다 더 많은 에너지를 지속적으로 생산하는 영구 기관은 영원히, 절대적으로 불가능하다.

'열역학 법칙'이 우리에게 가르쳐주는 교훈은 세상에 대가를 치르지 않고 얻는 것은 없다는 사실이다.

왜 열은 높은 곳에서 낮은 곳으로 흐를까?
'열역학 제2법칙과
엔트로피의 법칙'

에너지의 총량은 일정하다는 양量의 개념이 열역학 제1법칙이라면, 에너지가 흘러가는 방향方向의 개념을 정립한 것이 열역학 제2법칙이다.

운동 에너지는 열 에너지로 바뀌고, 열은 높은 온도에서 낮은 온도로 흐른다는 것이 **'열역학 제2법칙'**이다.

초기의 과학자들은 '왜 열은 높은 곳에서 낮은 곳으로만 흐를까' 하는 문제에 매달렸다. 그러나 그 이유는 밝히지 못했다. 이것이 자연계 변화의 방향이라는 사실을 확인할 수 있었을 뿐이다.

이때 오스트리아의 물리학자 루돌프 클라우지우스는 이

를 확률 이론으로 설명하면서, 그런 현상을 그냥 새로운 개념인 '**엔트로피**Entropy'라고 부르자고 제안했다.

확률 이론을 동원한 그의 설명은 이러하다. 공기 중에는 질소와 산소가 78:22의 비율로 섞여 있다. 파레토의 법칙에서 이야기하는 80:20의 비율과 근접한다.

임의의 공기 한 단위를 병에 넣었을 때, 질소나 산소로만 채워질 가능성은 전무하다는 것이다. 거의 확률 분포인 8:2의 비율을 유지하게 된다.

출근 시간의 전철 안에서 어느 칸에는 남자만, 또 어느 칸에는 여자만 탈 가능성 역시 전무하다. 결국 자연의 질서는 확률이 낮은 것에서 높은 것으로 흘러간다는 사실을 받아들이자는 거였다. 그리하여 흐름이 멈춘 상태를 엔트로피로 부르자고 했다.

이에 따르면 자연은 분명 엔트로피가 크게 증가하는 방향, 즉 무질서한 방향으로 나아간다고 한다.

혹자는 엔트로피의 법칙을 읽으면서 절망에 빠질지도 모르겠다. '우리가 사는 지구는 점차 쓸모없는 죽은 땅으로 변하는 게 아닐까' 하고 말이다. 그러나 이것은 외부 에너지의 유입이 없는 '**닫힌계**'일 경우에 한정된다. 지구는 닫힌계가 아니다.

이렇게 보자. 일단 수차를 돌린 물은 바다로 흘러간다. 바닷물이 강을 거슬러 올라오는 일은 없지만 태양 에너지를 공급받아 증발하여 구름이 되고, 다시 비가 되어 내려와 수차를 돌리게 된다.

태양이라는 외부 에너지가 유입되기 때문이다. 식물이 자라는 것도 태양 에너지가 유입되어 쓸모 있는 에너지로 바뀌어 가는, 엔트로피를 낮추는 현상들이다.

1977년 러시아 태생의 브레셀 대학 교수 일리야 프리고진은 생물체와 같이 스스로 에너지를 취할 수 있는 '**개방계**'에는 열역학 제2법칙이 적용되지 않는다는 것을 증명하여 노벨상을 받았다.

바다에 파도가 치는 이유,
'르 샤를리에와 렌츠의 법칙'

자연계가 추구하는 근본적인 질서는 평형이다. 외부의 충격이 가해지지 않으면 영구적으로 평형 상태를 유지하려는 것이 자연계의 기본 질서다.

평형 상태의 계system에 외부 에너지가 가해지면 계에 변화가 일어난다. 그리고 그 변화의 방향은 외부에서 가해진 에너지의 충격을 흡수하는 방향으로 움직여 새로운 균형을 만들어낸다. 이것이 **'르 샤를리에의 법칙'**이다.

차가운 물체에 뜨거운 물체를 접촉시키면 차가운 물체는 외부 요인인 뜨거운 물체의 온도를 낮추는 방향으로 움직인다. 자신이 뜨거워지면서 외부의 뜨거운 물체의 온도를 낮추는 것이다.

평형 상태의 바다에 바람이 불면 바다에는 파도가 인다. 그에 따르면 파도라는 것은 평형 상태의 바다에 가해지는 외부 충격을 흡수하기 위한 반작용이다. 즉 파도가 이는 이유는 바람의 충격을 흡수하기 위한 현상이라는 것이다.

세상의 이치도 마찬가지다. 세상이 추구하는 근본 이치는 평형이다. 그 평형을 저해하는 외부 에너지가 가해지면 기존의 질서는 외부 에너지를 흡수하는 방향으로 움직인다.

새로운 유행이 나타나면 이것을 수용하려는 계층과 꼴불견이라며 매도하는 계층으로 나눠진다. 일종의 외부 에너지의 충격이다. 그러면 사회는 그 충격을 일부 받아들이는 방향으로 움직여, 일정 시간이 지나면 유행은 하나의 새로운 트렌드로 변한다는 것이다.

정치권을 보자. 보수 세력이 지나치다 싶으면 다음 선거에서는 진보 세력이 유리해지고, 그 반대도 마찬가지다.

독일의 물리학자 에밀 렌츠도 전기 분야에서 르 샤틀리에의 법칙과 유사한 법칙을 내놓았다.

'렌츠의 법칙'은 1834년 러시아의 물리학자 하인리히 렌츠에 의해 발견되었다. 유도 기전력과 유도 전류는 자기장의 변화를 상쇄하려는 방향으로 발생한다는 '전자기 법칙'이다.

구리관 속으로 자석을 통과시키면 전기가 발생한다. 이때 발생한 전기는 자석의 움직임을 방해하는 방향으로 자기장을 형성한다. 그래서 구리관을 수직으로 세운 상태에서 구리관 속으로 자석을 떨어뜨리면, 방해 전기장의 영향으로 자석은 자유 낙하 속도보다 훨씬 더 느린 속도로 낙하하게 된다. 자기장이 자석의 움직임을 방해하기 때문이다.

이것이 차세대 교통 수단으로 떠오르고 있는 자기 부상 열차의 이론적 근거다.

왜 달은 떨어지지 않지?
'만유인력의 법칙'

기존의 지식은 스승이나 책으로 얻을 수 있지만 새로운 지식은 사색의 산물이다. 그래서 천재들은 외톨이거나 불우한 환경에서 태어난 사색가가 많다. 뉴턴도 예외가 아니었다.

유복자로 태어난 뉴턴은 어머니마저 재혼하는 바람에 외할머니 손에서 자랐다. 그래서 유년 시절의 뉴턴은 독서와 사색으로 외로움을 달래야 했다. 그런 사색이 뉴턴을 위대한 과학자로 만든 것이다.

17세기 흑사병으로 많은 사람이 죽어 가자, 학교들도 문을 닫았다. 캠브리지 대학을 다니던 뉴턴도 외가로 돌아왔다.

오랜만에 휴식과 사색의 시간을 갖게 된 뉴턴은 플라톤을 비롯한 그리스 철학과 유클리드 기하학, 케플러, 코페르니쿠스, 갈릴레오를 다시 읽으면서 우주의 질서에 대해 한 가지 근본적인 의문을 품게 되었다.

'사과는 땅으로 떨어지는데, 하늘의 달은 왜 떨어지지 않는 걸까? 땅으로 떨어지는 사과는 직선 운동을 하는데, 달은 왜 타원 운동을 하면서 지구를 도는 걸까?'

이러한 의문에 대한 해답이 바로 '**만유인력**'이었다. 모든 물체는 서로를 끌어당긴다. 즉 사과가 땅으로 떨어지는 것은 지구가 사과를 끌어당기기 때문이라는 것이다. 그 힘은 질량에 비례하고 거리의 제곱에 반비례한다.

그러면 달은 왜 떨어지지 않는 것일까?

상상의 나래를 펼쳐보자. 높은 산에 올라 사과를 수평으로 던지면 어떻게 될까?

사과는 포물선을 그리면서 땅으로 떨어질 것이다. 지구가 끌어당기기 때문이다.

던지는 속도가 점점 더 빨라지면 어떻게 될까?

일정 속도가 되면 사과는 '**원 운동**'하며 지구를 돌고, 좀 더 빨라지면 '**타원 운동**'하다가 그 이상의 속도가 되면 지구를 벗어나 우주 공간으로 사라져 버리고 말 것이다.

여기에 구체적인 수치를 넣으면 이렇게 된다. 사과를 던지는 속도가 초속 7.9km 이하면 사과는 포물선을 그리며 땅에 떨어지고, 초속 7.9km가 되면 원 운동하면서 지구를 돌게 된다. 초속 7.9~11.2km 사이면 지구 주위를 타원으로 돌다가 초속 11.2km를 넘어서면 사과는 지구를 벗어나 우주 공간으로 사라지고 만다.

7.9km의 속도로 지구를 돌고 있는 것이 정지 위성이다. 이때는 지구를 벗어나려는 원심력과 지구가 끌어당기는 중력이 균형을 이루어 원을 그리면서 지구를 돌게 되는 것이다.

인공위성이 지구 한 바퀴를 도는 데에 드는 연료는 얼마나 될까?

연료는 한 방울도 들지 않는다. 인공위성은 지구의 중력으로 돌기 때문이다.

빛의 속도는 유한하다!
'광속 불변의 법칙과
특수 상대성 이론'

빛은 인류가 존재한 이래 가장 신비스러운 존재였으며, 경외의 대상이었다. 중세까지 빛은 신적인 존재였고, 당연히 빛의 속도는 무한이었다. 당시에는 '빛의 속도가 유한하지 않을까' 하는 생각을 하는 것만으로도 불경스러운 일이었다.

빛의 속도가 유한할지도 모른다는 생각을 하고 최초로 광속 측정을 시도한 사람은 갈릴레오였다. 그는 제자에게 건너편 산 위에 올라가 횃불을 들게 하는 방법으로, 빛이 오가는 거리를 측정하려 했다. 하지만 너무 원시적인 방법이어서 빛의 유한성을 측정하는 데에는 실패했다.

1676년 덴마크 천문학자 뢰머는 목성의 위성인 이오에 주목했다. 그의 연구는 이오가 주기적으로 목성에 의해 가려져 있는 시간이, 지구가 목성에서 가까운 거리에 있을 때와 멀리 있을 때 차이가 날 것이라는 가정에서 출발했다.

그 차이를 이용해서 측정한 광속은 21만 2,000km였다. 정확도는 차이가 나지만, 광속이 유한하다는 것을 밝힌 최초의 의미 있는 실험이었다.

1849년 프랑스 과학자 피조는 멀리 떨어진 두 개의 거울 사이에 회전 톱니바퀴를 설치했다. 그리고 그 사이로 빛이 통과하는 시간을 측정하여 31만 3,000km라는 값을 얻었다. 지금의 광속 29만 9,792.458km와 근사하다.

그러나 그토록 알고 싶어 하던 광속을 얻고 나서 인류는 딜레마에 빠졌다. 광속의 불변성 때문이었다. 예를 들어 달리는 기차의 속도는 자동차를 타고 기차의 진행 방향으로 달리면서 측정했을 때와 기차의 반대 방향으로 달리면서 측정했을 때 차이가 난다.

멈춰선 자동차의 헤드라이트 불빛과 달리는 자동차의 헤드라이트 불빛은 차이가 나야 하지만 광속은 그러하지 않았다. 이 문제는 고전물리학자들을 아주 곤혹스럽게 만들었다.

하지만 이 문제는 아인슈타인이 '특수 상대성 이론'을 내놓으면서 해결됐다. 아인슈타인은 이렇게 생각했다. 빛이 달린

거리(S)는 빛의 속도(v)×시간(t)이다. 따라서 S=vt라는 공식이 성립한다.

이것을 속도에 대해서 풀면 v=S/t가 된다. 빛의 속도(v)가 어떤 상황에서도 일정하다면 S/t 역시 일정해야 한다.

S/v가 항상 일정하다면 공간인 S가 커지면 시간인 t도 커지고, S가 작아지면 t도 작아져야 한다. 그것도 서로가 일정 비율이어야 한다.

그렇다면 공간인 S와 시간인 t는 맞물려 있어야 한다. 따라서 빛이 이동하는 우주 공간은 시간과 공간이 맞물려 있는 절대적인 시간도, 절대적인 공간도 없는 상대적인 시공간이라는 것이다.

자연의 질서,
'피보나치의 수열'

　고대 이집트나 그리스에서는 기하학은 발달했지만 대수학은 그리 발달하지 못했다. 대수학이 가장 발달한 곳은 인도였다. 아라비아 숫자로 알고 있는 1, 2, 3은 바로 인도 숫자다. 정확하게는 인도–아라비아 숫자다. 인도에서 발달한 숫자가 아라비아를 거쳐 유럽으로 전파되었기 때문이다.

　인도에서 사라센 제국으로 건너간 수학을 유럽에 전파한 사람은 이탈리아의 수학자 피보나치였다. 이탈리아의 상업 도시 피사에서 태어난 피보나치는 정부 관리였던 아버지를 따라 여러 나라를 옮겨 다니면서 어린 시절을 보냈다. 이때 인도의 수학 학교를 다니면서 인도 수학을 접하게 되었다.

고향으로 돌아온 피보나치는 《Liber Abaci》이라는 수학책을 저술하기에 이르렀는데, 굳이 번역한다면 '계산법' 정도의 의미였으리라.

총 15장으로 구성된 이 책에서 그는 주로 복잡한 계산 문제를 쉽게 푸는 방법을 다뤘다. 상업이 발달한 도시였지만 여기에 필요한 계산법은 산술 수준에 머물러 있었다. 당시로써 복리와 같은 복잡한 이자 계산은 불가능했다.

《Liber Abaci》 12장에서 피보나치는 그 유명한 **'피보나치의 수열'**을 다루고 있다. 피보나치의 수열이라는 이름은 후세에 붙여진 것이고, 피보나치는 복리 계산법의 이해를 돕기 위해 이 수열을 창안했다.

이자율 계산에 있어서 단리와 복리의 차이는 원금에만 이자가 붙느냐, 아니면 늘어난 이자에도 이자가 붙느냐 하는 것에 있다. 자연계에 비유했을 때 어미만 계속해서 새끼를 낳는 경우가 단리에 해당된다면, 어미에게서 태어난 새끼도 일정 기간이 지나면 새끼를 낳는 경우가 복리에 해당된다.

그렇다면 복리가 좀 더 자연 상태에 근접하는 증식 과정 일 것이다. 암소 한 마리의 돈을 빌려 갔다면 1년 후에는 암소와 송아지 한 마리의 몫을 합친 금액을 갚는 것이 자연의 이치라는 이야기다.

피보나치는 복리 계산법을 토끼의 증식 과정에 비유하고 있다. 갓 태어난 1쌍의 토끼가 있다. 이 1쌍의 토끼는 두 달이면 성년이 되어 그때부터 매월 1쌍의 새끼를 낳는다고 가정하자. 새로 태어난 토끼들도 두 달이 지나 성년이 되면 또 매월 1쌍의 새끼를 낳는다고 가정하자.

그렇게 될 경우, 1년 후 토끼는 모두 몇 마리로 늘어날까? 이 문제를 산술적으로 접근하면 머리가 복잡해진다. 피보나치의 수열은 이것을 간단한 수열로 나타낸다. 피보나치의 풀이로 들어가보자.

갓 태어난 1쌍의 토끼는 처음 두 달 동안은 새끼를 낳지 않으므로 1쌍 그대로다. 따라서 수열의 처음 두 자리는 1, 즉 그대로다. 3번째 달이 되면 어미가 새끼 1쌍을 낳을 것이므로 토끼는 모두 2쌍으로 늘어난다.

4번째 달에는 어미가 다시 1쌍의 새끼를 낳을 것이므로 토끼는 모두 3쌍이 된다. 5번째 달이 되면 어미가 1쌍, 처음 태어난 새끼도 두 달이 지났으므로 다시 1쌍의 새끼를 낳을 것이므로 새로 태어난 토끼는 모두 2쌍, 토끼는 모두 5쌍으로 늘어난다. 그리하여 1년 후에는 모두 144마리로 늘어난다.

1, 1, 2, 3, 5, 8, 13, 21, 34, 55, 89, 144…….

여기서 피보나치는 아주 간략한 계산법을 제시하고 있다.

이웃한 두 숫자를 합하면 다음에 나타날 숫자가 된다는 것이다. 1+1=2가 되고, 1+2=3이 된다. 마찬가지로 2+3=5로 나타나며, 3+5=8로 나타난다.

이것을 나무로 그려보면 훨씬 이해가 빠를 것이다. 이제 막 심은 나무는 2년 후부터 매년 하나씩 새로운 가지가 나온다. 새로 나온 가지도 2년 후부터는 다시 새로운 가지를 뻗는다고 하면 실제의 나무 모습과 흡사해진다.

자연계가 피보나치의 수열을 따르는 이유는 무엇일까? 나무의 경우 원줄기에서 뻗어 나는 가지와 잎들이 모두 고르게 햇살을 받을 수 있는 최적의 조건이 이 수열이라고 한다. 자연의 질서인 것이다.

해바라기나 솔방울 씨앗의 배열, 파인애플의 껍질, 국화나 데이지 꽃잎의 배열 등은 피보나치의 수열과 같은 모습으로 나타난다. 소라 껍데기의 구조, 소용돌이치는 회오리바람, 태풍, 나아가서는 은하계의 중심부도 피보나치의 수열을 이루고 있다.

피보나치의 수열이 더욱 신비로운 것은 이들 숫자가 인간이 가장 아름답게 느낀다는 '황금 비율'인 1.618이 된다는 점이다. 앞 수를 뒤 수로 나누면 0.618에 수렴하며($\frac{5}{8}$), 뒤 수를 앞 수로 나누면 1.618($\frac{8}{5}$)에 수렴한다.

'**황금 분할**'은 피타고라스학파가 발견한 것으로 정오각형의 한 대각선이 다른 대각선에 의해 분할될 때 생기는 두 선분의 길이의 비율이다. 여기에 우주와 자연의 질서가 숨어 있다는 것이다.

피라미드, 파르테논 신전, 개선문, 밀로의 비너스상 등 유명한 건축물이나 예술품은 모두 이 비율을 따르고 있다. 불국사 석굴암 또한 그러하다. 팔등신 미인 또한 배꼽에서 발바닥까지의 길이가 전체의 1.618의 비율을 이루고 있다.

음악 또한 그러하다. 피아노는 8개의 음을 13개의 음으로 나누고 있다. 이 중 하얀 건반이 8개, 검은 건반이 5개 있고 하얀 건반은 3개와 5개, 검은 건반은 2개와 3개로 구분되어 있다.

도박에서 이길 가능성은?
'파스칼의 확률 이론'

파스칼은 일찍 어머니를 여의고 아버지 밑에서 자랐다. 아들의 재능을 알아본 아버지는 파스칼에게 체계적으로 수학과 과학을 가르쳤다. 그런 영향으로 파스칼은 이미 13세 때에 파스칼의 삼각형이라고 불리는 수의 피라미드를 발견했으며, 17세 때는 원뿔 곡선에 대한 정리를 발표했다.

여기서는 **파스칼의 확률** 이야기를 하고자 한다. 파스칼은 확률 이론을 처음으로 제기한 사람 중 한 명이다. 파스칼의 친구 중에 도박사가 한 명 있었다. 그는 실제로 친구였을 수도 있고, 아니면 도박을 학문적으로 연구해보고 싶었던 파스칼의 호기심으로 인한 인맥이었을 수도 있다.

어느날 유명 도박사인 친구 드 메레가 파스칼에게 조언을 구하는 편지를 보냈다.

'친애하는 파스칼, 나는 지금 심각한 문제에 봉착해 있다네. A, B 두 사람이 각각 32피스톨씩을 걸고 도박을 했다네. 먼저 3번을 이긴 사람이 64피스톨을 모두 갖는 내기였지. 내기가 시작되어 A가 먼저 두 번을 이겼고 B가 한 번을 이겼을 때, 그중 한 사람이 사정이 생겨 내기를 계속할 수 없게 되었네. 이럴 때 64피스톨은 어떻게 나눠 가지는 것이 좋겠는가? A가 두 번, B가 한 번을 이겼으니 64피스톨을 3등분하여 A에게 2의 몫을, B에게 1의 몫을 나눠주면 좋겠으나 64를 3으로 나눌 수 없으니 말일세. 자네라면 충분히 풀 수 있을 것 같아 의견을 구하는 것이라네. 지혜를 빌려주시게.'

이에 대해 파스칼은 다음과 같이 회신했다.

'드 메레에게! 시합을 한 번 더할 경우 A가 이긴다면 A는 3번을 모두 이긴 것이 되므로 64피스톨을 모두 가지면 되고, B가 이긴다면 A, B 모두 두 번씩을 이긴 것이 되므로 32피스톨씩 나눠 가지면 되지 않겠는가. 따라서 A는 이미 두 판을 이겼으니 최소한 32피스톨을 확보한 셈이지. 다시 한 판을 더한다면 A나 B나 이길 가능성은 모두 $\frac{1}{2}$이므로 남은 32피스톨을 둘로 나눠 16피스톨씩 가지면 되겠네. 따라서 A의

몫은 32+16=48 피스톨, B는 16피스톨을 나눠 가지도록 하게.'

이를 요즘의 확률 계산법으로 하면 이렇다.

A는 한 번만 이기면 되고, B는 두 번을 잇달아 이겨야 최종 승자가 된다. 먼저 B를 보면 B가 두 번을 잇달아 이길 확률은 $\frac{1}{2} \times \frac{1}{2}$로 $\frac{1}{4}$이 된다. 그렇다면 A가 이길 확률은 $1-\frac{1}{4}$로 $\frac{3}{4}$이 된다. 분모가 공통이므로 A와 B의 승률은 3:1이다. 따라서 판돈을 4로 나눠 A에게 3의 몫을 주고, B에게 1의 몫을 주면 된다.

수학이든 과학이든 어느 분야나 하나의 이론이 학문으로 인정받기까지는 많은 시간이 필요했다.

지금 가장 중요한 학문 분야의 하나로 평가되고 있는 확률 역시 마찬가지였다. 동전을 던져 앞쪽이 나올 확률이 50%라고 했을 때, 나올 수도 있고 나오지 않을 수도 있다는 것이 확률이다. 그런 것이 어떻게 학문으로 성립되느냐는 것이 반대론자들의 주장이었다.

그러나 현대에 들어와서 확률은 양자물리학의 핵심적인 요소가 되었다. 양자역학에서 소립자의 위치와 속도는 동시에 알 수 없고, 오직 확률적인 분포로써 이해할 수 있을 뿐이다. 즉 관측 가능한 값은 기댓값일 뿐, 어떤 결과가 관측되는

가 하는 것은 우연에 의해 결정되는 것이다. 이것이 1927년에 하이젠베르크가 제창한 '**불확정성 이론**'이다.

불확정성 이론이 처음 나왔을 때, 아인슈타인 같은 당대의 물리학자도 이것을 인정하지 않았다. 그는 "신이 인간을 상대로 주사위 놀음을 하지는 않을 것이다."라는 유명한 말로 불확정성 이론을 부정했다. 그러나 이제 이 이론은 주류가 되었다.

확률이 과학이라면 우연도 엄연히 과학의 범주에 속해야 한다. 완두콩의 특정 개체가 어떤 형태로 생겨날지는 아무도 모른다. 오직 확률만 존재할 뿐이다. 그래서 특정 개체에는 운명이 적용되지만 전체로서는 확률이며 과학이라는 것이다.

주사위를 던졌을 때, '1'이 나올 확률은 $\frac{1}{6}$이다. 그러나 주사위를 6번 던져도 '1'이 한 번도 나오지 않는 경우는 얼마든지 있다. 하지만 주사위 던지는 횟수를 60회, 600회로 늘리면 '1'이 나올 확률은 점점 더 $\frac{1}{6}$에 근접하게 된다. 즉 사례 수가 많아질수록 이론적인 확률에 근접하게 되는 것이다.

이것이 앞서 '도박에서 연승과 연패는 당연하다'에서 설명한 '**대수의 법칙**'이다.

여기서 그 유명한 명제, "전체를 지배하는 것은 확률이고 개체를 지배하는 것은 운명이다."라는 말이 나온다. 로또 당첨 확률은 800만 분의 1로 내가 당첨될 가능성은 거의 없지만 누군가는 분명 당첨이 된다. 그 주인공이 누가 되느냐 하는 문제는 운명의 영역이라는 것이다.

그래서 한 나라를 지배하는 계층이나 정책은 '확률 게임'을 해야 한다. 지배 계층이 운명론이나 미신에 빠져 있으면 나라가 망하게 된다. 재미있는 것은 역사적으로 쿠데타에 성공한 그룹은 가장 먼저 미신 타파를 외쳤지만, 정작 당사자들은 쿠데타의 성공 여부를 알아보기 위해 점집을 찾았다는 것이다.

LOVE 게임을 만들어보자!
'항등식 문제'

수학에서 '**항등식**恒等式'은 식의 미지수에 어떤 값을 넣어도 성립이 되는 등식을 가리키는 말이다. 항등식 가운데 중요한 일부는 공식으로 이용되기도 한다. 예를 들면 $(a+b)(a-b)=a^2-b^2$ 등이다.

$\sin\theta=1$은 특정 값에 대해서만 성립되는 반면 $\sin2\theta+\cos2\theta=1$은 θ값에 관계없이 항상 참을 만족한다. 즉 두 번째의 식이 항등식이다.

항등식을 이용한 게임을 '**바보 게임**'이라고 부른다. 어떤 것을 선택해도 동일한 결과가 나오기 때문이다. 여기서 항등식을 이용하여 재미있는 'LOVE' 게임을 만들어보자.

A FOOL VENUS(바보스러운 비너스)에 글자마다 0~9까지
의 숫자를 붙인다.

A FOOL VENUS

0 1234 56789

이런 다음, 상대방이 무슨 생각을 하고 있는지 알아맞히겠
다고 하면서, 마음에 드는 글자 3개를 고르라고 말한다.

(예를 들어 F, V, U를 골랐다고 하자. 그러면 그 값은 1, 5, 8이 된다.)

그럼 그 숫자(158)를 뒤집어서 큰 숫자에서 작은 숫자를 빼
시오!

(158을 뒤집으면 851, 큰 숫자 851-158=693이 된다.)

그러면 다시 그 숫자를 뒤집어서 더하시오!

(693을 뒤집으면 396, 693+396=1,089가 된다.)

그 숫자에다 4를 곱하시오!

(1,089×4=4,356이 된다.)

그 숫자가 무엇이지요?

(4356입니다.)

A FOOL VENUS의 해당 숫자를 찾아 알파벳으로 적는다. 4는 L, 3은 O, 5는 V, 6은 E가 되어 'LOVE'가 나온다.

"아하, 당신은 지금 사랑을 생각하고 있군요!"

이런 것이 항등식이다. 위 공식대로만 하면 계산의 결과는 항상 4356이며, 이것을 읽으면 LOVE가 된다.

피타고라스의 역설, 그리고 몰락!
'피타고라스의 정리'

카메라 렌즈는 둥근 원으로 되어 있고 렌즈를 통해 들어오는 빛의 양은 조리개로 조절한다. 카메라의 조리개 값 표시인 F를 보면 1.4, 2, 2.8, 4, 5.6, 8, 11, 16…… 등의 난해한 숫자가 나열되어 있는 것을 볼 수 있다.

이게 무슨 말인가 하면서 좀 더 자세히 살펴보면 이들 수치는 렌즈 반지름의 분모 값이라는 더욱 어려운 소리를 하고 있다. 그냥 정수 1, 2, 3…… 등으로 표기하면 될 것을 왜 이런 괴상한 숫자를 동원하는 것일까?

설명서를 읽어보면 다음과 같은 내용이 나온다.

1.4, 2, 2.8, 4……는 각각 $\frac{1}{1.4}$, $\frac{1}{2}$, $\frac{1}{2.8}$, $\frac{1}{4}$ …… 이라는

분수에서 분모만 표시한 것이다.

반지름이 1인 렌즈가 있다고 하자. 이때 빛을 받아들이는 조리개의 면적은 πr^2이므로 $\pi \times 1^2$, 그냥 π이다. 이 빛의 양을 절반으로 줄이려면 렌즈의 면적은 $\frac{\pi}{2}$가 되어야 한다. 렌즈의 면적이 $\frac{1}{2\pi}$이 되려면 렌즈의 반지름은 $\frac{1}{\sqrt{2}}$이 되어야 한다. 이를 분모만 표시하면 $\sqrt{2}$고 근삿값은 1.4다.

카메라 조리개 값에 나타난 1.4는 $\sqrt{2}$의 다른 표현인 것이다. 즉 분모에 $\sqrt{2}$를 곱하면 빛을 받아들이는 면적이 절반($\frac{1}{2}$)으로 줄어든다는 의미다.

이처럼 난해한 이야기를 한 것은 루트 값인 무리수의 발견과 이에 얽힌 비극적인 이야기 한 토막을 소개하기 위함이다. 무리수를 발견한 사람은 '피타고라스의 정리'를 발견한 피타고라스였다. 그는 역사적으로 수학을 신성한 종교의 영역으로 끌어올린 사람이다.

그리스 이오니아 사모스섬에서 출생한 피타고라스는 만물은 수라고 할 만큼 모든 것을 숫자로 설명하려고 시도했다. 그렇게 하여 탄생한 일파가 이탈리아 남부에 자리한 피타고라스학파였다. 피타고라스학파는 수의 절대성을 믿었으며, 엄숙한 분위기에서 수학과 철학과 종교를 연구했다.

이들의 생활은 거의 수도승에 가까웠다. 흰옷을 입고 금욕

생활을 하면서 연구에 몰두했다. 콩을 먹는 것도 금지되었다. 콩은 이들이 숫자를 계산할 때 사용하는 성스러운 물건이었기 때문이다.

이들은 이 세상의 모든 숫자는 오직 1, 2, 3 등의 정수와 $\frac{1}{2}$, $\frac{1}{3}$, $\frac{1}{4}$ 등의 정수로 나타낼 수 있는 분수로만 구성되어 있다고 믿었다. 그러나 이들의 믿음에 커다란 구멍이 뚫리기 시작했다. 바로 자신들이 발견한 피타고라스의 정리 때문이었다.

피타고라스의 정리는 직각삼각형에서 빗변의 길이를 제곱한 값은 나머지 두 변의 길이를 각각 제곱하여 더한 값과 같다는 내용이다.

이러한 사실은 고대 이집트에서도 알고 있었고, 나일강 측량이나 피라미드 건축에도 사용되었지만 증명하지는 못했다. 그것을 피타고라스가 증명함으로써 수학사에 획기적인 선을 그었다. 이 기념으로 피타고라스학파는 신전에 황소 한 마리를 바치며 제사를 지냈다고 한다.

그러나 이것이 비극의 시작이었다. 세상의 모든 숫자를 1, 2, 3 등의 정수나 $\frac{1}{2}$, $\frac{1}{3}$ 등의 정수를 사용하는 분수로 나타낼 수 있다고 믿었던 피타고라스가 자신의 정리에서 모순을 내포하는 미지의 숫자를 발견했기 때문이다.

예를 들어 두 변의 길이가 각각 1인 정삼각형의 빗변의 길이는 $\sqrt{2}$로, 정수가 아니기 때문이다. 세상에는 정수만 존재한다고 믿었던 피타고라스학파는 큰 혼란에 빠졌다.

피타고라스학파는 $\sqrt{2}$를 어떻게든 분수로 나타내보려고 애썼지만 불가능했다. $\sqrt{2}$는 1.414213……로 끊임없이 이어지면서, 정수나 분수의 형태로 표기할 수 없는 무리수였기 때문이다. 그러자 피타고라스는 자신의 권위로 이 비밀이 새어 나가는 것을 막았다.

그러던 중 피타고라스의 제자인 히파소스가 두 변의 길이가 1인 정삼각형의 빗변의 길이 $\sqrt{2}$는 어떤 경우에도 정수를 사용하는 분수로 표기할 수 없다는 것을 증명했다. 그러자 흥분한 다른 제자들이 그를 묶어서 배에 싣고 지중해로 나갔다.

"이 배신자. 너를 지중해에 처넣고 말 테다!"

히파소스가 말했다.

"난 배신자가 아니다."

"넌 우리의 규율을 어겼다."

"아니다. 나는 어떤 분수로도 나타낼 수 없는 수가 이 세상에 존재한다는 진실을 증명했을 뿐이다."

"그것은 수가 아니라는 우리의 믿음을 너도 알지 않느냐.

알면서도 넌 그것을 어겼다."

"그렇다면 변의 길이가 1인 정삼각형 대각선의 길이를 정확히 나타낼 다른 수가 있는가?"

그러자 흥분한 제자들은 그를 지중해에 던져 버리고 말았다. 다른 일설에 의하면 히파소스를 학파에서 추방했을 뿐 죽이지는 않았다고도 한다. 어느 경우든 이 사건을 계기로 치명상을 입은 피타고라스학파는 서서히 그 신비의 막을 내리게 된다.

357년 동안 풀리지 않았던 수수께끼,
'페르마의 마지막 정리'

프랑스의 수학자 페르마는 참으로 재미있는 사람이다. 법률가였는가 하면, 지방의회에서 의원을 지내기도 했고, 수학자로서 그 유명한 '페르마의 마지막 정리'를 남겼는가 하면, 물리학의 영역에 속하는 '광학의 법칙'도 발견했다.

데카르트와는 별도로 해석기하학의 원리를 발견했는가 하면, 곡선의 접선과 극대·극소점을 찾는 방법을 발견하여 미분학의 창시자 중 한 명으로 기록되기도 했다. 또 천재 수학자 파스칼과 편지를 교환하면서 확률론을 정립한 공동 창시자이기도 했다. 재미있는 것은 그처럼 많은 업적을 남긴 그가 박사도 교수도 아닌 아마추어 수학자였다는 사실이다.

페르마는 자신의 발견을 어디에도 발표하지 않았다. 단지 관심사를 같이하는 사람들에게 편지로 보내거나 자신이 읽던 책 여백에 메모 형식으로 남겼을 뿐이다.

그가 여백에 남겨놓은 문제 중 하나가 바로 유명한 '**페르마의 마지막 정리**'다. 그는 이렇게 적고 있다.

'n이 2보다 큰 자연수일 때, Xn+Yn=Zn을 만족시키는 양의 정수 X, Y, Z는 존재하지 않는다.'

좀 더 재미있는 것은 그의 장난끼였다. 그는 위 내용에 메모한 줄을 더 추가해놓았다.

'나는 이 문제를 증명하는 경이적인 방법을 발견했다. 그러나 여백이 좁아서 여기에 적지 못한다.'

이 문제는 그리스 시대의 수학자 '피타고라스의 정리'와 흡사한 데가 있다. $X^2+Y^2=Z^2$인 피타고라스의 직각삼각형 이론에서 자승이 'n승'으로 대체된 것이다. 따라서 피타고라스의 정리가 평면인 삼각형의 성질을 다루었다면 2보다 큰 정수 n은 3차원 이상의 공간을 다룬 것임을 쉽게 짐작할 수 있다.

그러자 18세기의 천재 수학자 오일러를 비롯하여 에펠탑의 원리를 제공했던 여류 수학자 소피 제르맹, 르장드르, 디리클레, 라메, 폴팅즈 등이 이를 증명하기 위해 달려들었으나 모두 실패했다.

이쯤에서 재미있는 일이 벌어진다. 20세기 초반 파울 볼프스켈이라는 독일인이 등장하여 문제 해결의 실마리를 제공하게 된다.

볼프스켈은 대학에서 수학을 공부했으나 사업가로 변신한 사람이었다. 그는 한 여인에게 실연을 당하고 절망에 빠져 있었다. 마침내 자살을 결심한 그는 죽을 날까지 정해뒀다. 디데이D-Day, 그는 12시에 권총으로 자살할 예정이었다.

예정 시간이 가까워지자, 그는 주변을 정리하고 친구들에게 마지막 편지를 썼다. 그리고서 시간을 보니 아직 밤 12시가 되지 않았다. 그는 남은 시간을 보내기 위해 서재에 들어갔다가 우연히 페르마의 마지막 정리와 만나게 되었다. 그가 접한 내용은 페르마의 마지막 정리에 대한 당대 최고의 수학자 쿰머의 논문이었다.

논문을 읽던 그는 쿰머의 논문에서 오류 하나를 발견하게 되었고, 그 오류를 바로잡는 일에 빠져들었다. 그러는 동안 운명의 시간은 훌쩍 지나가 버렸다.

다시 삶을 택한 그는 페르마에 감사를 표하기 위해 페르마의 마지막 정리를 증명하는 사람에게 써달라며 자신의 사후 재산에서 10만 마르크를 괴팅겐 왕립과학원에 기탁했다. 이

돈을 지금의 교환 가치로 환산하면 대략 170만 달러가 된다고 한다. 볼프스켈이 정한 유효 기간은 1908년부터 2007년까지 100년이었다.

영국인 수학자 앤드루 와일스는 10살 때인 1963년 동네 도서관에서 우연히 페르마의 마지막 정리를 접하면서 강한 호기심이 발동했다. 그로부터 30년이 지난 1993년 6월 23일, 와일스는 뉴턴연구소에서 이를 증명하는 강연을 했지만 나중에 오류가 발견되어 이를 취소했다.

그리고는 다시 1년 동안 케임브리지 대학의 테일러와의 공동 연구로 이를 보완하여 1994년 10월에 이것을 발표하면서 357년 동안 끌었던 난해한 이 문제에 대해 종지부를 찍었다.

이 문제를 푸는 동안에 타원 곡선이라는 새로운 분야의 수학이 출현했고, 우주와 공간에 대한 이해가 새로워졌다. 앤드루 와일스가 이 문제를 풀기 위해 준비한 시간은 17년, 이 문제를 푸는 데에만 8년의 세월이 걸렸다.

토끼가 거북이를 이길 수 없는 이유?
'무한등비급수'

토끼와 거북이가 다시 만났다. 토끼는 아직도 조상이 거북이와의 경기에서 패한 것에 대해 분을 삭이지 못하고 있다. 조상이 낮잠을 자느라 졌기 때문에 잠자지 않고 이틀씩 달리는 훈련도 마친 상태였다.

토끼는 다시 한 번 내기를 하지 않겠느냐고 거북이의 약을 올렸다. 거북이도 지지 않았다.

"다시 한 번 내기를 해도 너는 나를 이길 수 없어!"

토끼는 당장 내기를 하자며 러닝 차림으로 갈아입었다. 거북이가 말했다.

"오늘은 그럴 시간이 없어. 시합은 다음에 하기로 하고, 일단 네가 나를 이길 수 없는 이유를 설명해주지!"

"그래, 어디 설명해봐!"

거북이는 토끼가 자신을 이길 수 없는 이유를 조목조목 설명했다. 그 내용은 이러했다.

거북이가 토끼보다 100m 앞에 있을 때, 토끼와 거북이는 동시에 출발한다. 토끼의 달리는 속도는 초당 1m, 거북이는 초당 0.1m다.

따라서 토끼가 거북이의 출발점에 도달하려면 100초가 걸린다. 토끼가 거북이의 출발점에 이르면 거북이는 다시 10m를 앞서 있게 된다. 토끼가 다시 10m를 가면 거북이는 다시 1m를 앞서 있다. 따라서 아무리 시간이 흘러도 토끼는 거북이를 따를 수 없다는 것이었다.

토끼가 거북이를 따르는 데에 필요한 시간은 처음에는 100초, 다음에는 10초, 다음에는 1초……. 이런 식으로 간격은 점점 줄어들지만 영원히 거북이를 앞서지는 못한다. 이것이 '무한등비급수'의 함정이다.

하지만 실제 경기가 벌어진다면 토끼는 1분 52초 만에 거북이를 제치게 된다.

'무한등비급수'의 다른 문제를 하나 더 보자.

두께 0.1mm인 신문지가 있다. 이것을 50번 접으면 두께는 얼마나 될까?

0.1mm의 신문을 한 번 접으면 0.2mm, 두 번 접으면 0.4mm, 또 접으면 0.8mm, 한 번 더 접으면 1.6mm……

$$(0.1\,\mathrm{m\,m}) \times 2 \times 2 \times 2 \times \cdots = (0.1\,\mathrm{m\,m}) \times 2\,5\,0 =$$
112,589,990km

신문지를 50번 접으면 천문학적인 두께가 된다. 서울–부산 거리가 430km라고 했을 때, 두 곳을 13만 번 왕복할 수 있는 거리라는 이야기다.

신의 암호,
'π의 역사'

고대인들이 가장 먼저 숭배의 대상으로 삼았던 것은 태양과 달이었다. 온전한 원형인 이들 천체는 곧 신적인 존재였다. 반면 직선, 삼각형, 사각형 등은 자연계에는 존재하지 않는 인간 이성의 산물이었다.

고대 바빌론이나 그리스인들은 '신적인 존재였던 원과 인간 이성의 산물인 도형 사이에 어떤 메시지가 숨어 있지 않을까' 생각했다. 이를 구명하는 일에 몰두하면서, 가장 대표적인 과제가 원과 동일한 넓이인 정사각형의 작도였다.

예를 들면 지름이 10cm인 원과 동일한 넓이의 정사각형을 만들어보자는 것이었다. 그러나 그것은 영원히 불가능한 일이었다. 원의 둘레와 지름의 비율인 '원주율 π'를 규명할 수 없었기 때문이다.

고대 바빌로니아 사람들은 원주율의 근사값으로 3을 썼다. 그리스의 수학자 아르키메데스는 원에 내접, 외접하는 정육각형에서 시작하여 정구십육각형까지를 작은 쪽과 큰 쪽으로 나눠 계산하여 $\frac{233}{71}$(=3.1408……) $< \pi <$ $\frac{22}{7}$(=3.1428……)이라는 부등식을 얻었다.

그후 프랑스의 수학자 비에트는 3.1415926535……. 다시 네덜란드의 루돌프는 3.14159265358979323846264338327950288419……라는 것을 알아냈다.

영국의 수학자 샹크스는 원주율 계산에 일생을 바쳤다. 그가 계산한 값은 707자리까지로 그 기록은 오랫동안 깨지지 않았다. 그러나 영국의 혜주손이 샹크스가 계산한 값의 528번째 자리가 잘못되어 있음을 발견했다.

1949년 미국의 전자계산기 에니악ENIAC은 70시간에 걸쳐 2,037자리까지 계산했다. 1961년 IBM 7090은 8시간 43분 만에 10,245자리, 1967년 프랑스의 CDC 6600은 28시간 10분 만에 50만 자리까지 계산했다.

2002년 일본 히다치 슈퍼 컴퓨터가 1조 2,400억 자리까지 계산했고, 2009년 일본 쓰쿠바 대학 계산과학연구센터는 슈

퍼컴퓨터에 의한 원주율 계산에서 2조 5,769억 8,037만 자릿수의 세계 기록을 수립했다. 다시 프랑스에서 2조 7천억 자리까지 계산해냈다.

이러한 계산의 실용적인 의미는 없다. 3.14 정도면 충분하다. 현대에 와서는 인공위성을 발사할 때도 π에 3.1416의 값을 주고 있다. 더 이상은 의미가 없다는 것이다.

사람들이 이처럼 π에 매달렸던 것은 π에 어떤 **'순환 주기'**라도 발견되지 않을까 해서였다. 순환 주기가 발견된다면 그것이 신이 숨겨놓은 메시지일 거라는 생각에서였다.

그러나 신의 암호는 해독되지 않았다. 아니, 인간으로서는 영원히 해독할 수 없다는 사실만 확인했을 뿐이다.

수학의 7대 난제,

'리만의 가설'

독일의 수학자 리만은 오랜 수학적 질문에 대한 답을 궁구하고 있었다. 그것은 '무한으로 이어지는 소수素數들은 어떤 패턴을 가지고 전개될까?' 하는 것이었다.

소수란 1과 자신으로만 나눌 수 있는 1, 2, 3, 5, 7, 11, 13…… 등의 정수다. 소수에 대해서는 이미 기원전 350년경에 그리스 수학자 유클리드에 의해 그 수가 무한하다는 것이 증명되었다.

유클리드의 증명을 현대적으로 재현해보자.

P_1, P_2……P_n이 소수일 때 P_1, P_2……P_n의 공배수를 하나 만들어 'N'이라고 하면, $N = P_1 \times P_2 \times …… \times P_n$으로 나타낼

수 있다. 여기서 N에다 '1'을 더한 수 'N+1'은 P_1, P_2······P_n 중 어느 것으로 나눠도 나머지가 1이 된다.

따라서 N+1의 소인수는 P_1, P_2······P_n과는 다른 새로운 소수가 된다는 것이다.

쉽게 풀면 2, 3, 5, 7, 11, 13은 소수로, 이들을 모두 곱한 결과는 '30030'이 된다. 여기에 1을 더한 수 '30031'은 앞서의 어느 것으로 나눠도 1이 남으며, 이 수는 다시 59×509로 표기할 수 있으므로 소수가 아니다.

그러면 59나 509는 2, 3, 5, 7, 11, 13과는 다른 새로운 소수다. 이런 식으로 얼마든지 새로운 소수를 만들 수 있다는 것이다.

소수는 처음에는 촘촘하게 나타나지만 전개될수록 빈도가 성글어진다. 이들 무한한 소수가 '어떤 패턴으로 전개되는 것일까' 하는 것이 리만의 의문이었다. 이 가설이 증명된다면 무한 소수의 분포에 관한 지식은 한 차원 더 높이 비약할 것이며 수학적 사고의 세계 또한 넓게 열릴 것이다. 그러나 리만의 가설은 150년 동안 풀리지 않았다.

그러다가 10여 년 전 미국에 랜던 클레이라는 괴짜 부자 하나가 나타나 이를 해결할 수 있는 계기를 만들어줬다. 그는 '수학의 7대 난제'를 제시하면서 이의 해법을 제시하는 사람에게 100만 달러씩 수여하겠다며 모두 700만 달러를 내놓았다. 그중 하나가 리만의 가설이었다.

최근 미국의 수학자인 루이스 드 브랑게스 교수가 리만의 가설을 풀었다고 발표했다. 브랑게스 교수는 리만의 가설에 대한 증명을 23쪽 논문으로 만들어 인터넷에 게재하면서 이의 검증을 요청했다.

7개의 난제 중 '푸엥카레 추측', 'P 대 NP 문제', '리만의 가설'은 검증 중이며 나머지는 아직 도전자가 없이 미해결로 남아 있다.

기하학에는 왕도가 없다!
'유클리드 기하학 VS 비유클리드 기하학'

세상에서 가장 많이 팔린 책은 성경이다. 그럼 두 번째로 많이 팔린 책은 무엇일까? 정답은 유클리드의 《기하학 원론》이다.

기원전 4세기경 그리스의 철학자이자 수학자였던 유클리드는 피타고라스, 플라톤, 히포크라테스 등이 연구한 기하학적 성과들을 집대성하여 이론적으로 체계화시킨 사람이다. 그렇게 해서 나온 책이 《기하학 원론》이다. 이 책은 1482년에 초판이 나온 이래, 지금까지 1,000판이 넘도록 인쇄되어 2천 년 동안 기하학의 교과서로 군림하고 있다.

이집트인이나 바빌로니아인들이 토지 측량이나 피라미드

건설을 위해 기하학을 도구로 삼았다. 반면에 그리스인들은 이데아나 관념적인 사유를 가다듬는 수단으로 수학이나 기하학을 연구했다. 그래서 고대의 왕들은 기하학을 제왕의 학문으로 여기며 의무적으로 공부해야 했다.

유클리드는 알렉산드리아 대학에서 기하학을 가르쳤다. 유클리드의 제자 중에는 톨레미 왕의 아들 톨레미 2세도 있었다. 기하학 공부에 어려움을 느낀 톨레미 2세가 유클리드에게 기하학을 쉽게 공부하는 방법이 없겠느냐고 물었다.

그는 이렇게 대답했다.

"기하학에는 왕도가 없습니다."

유클리드는 모든 사람이 인정할 수 있는 몇 개의 공리를 연역적으로, 논리적으로 전개하여 방대한 학문 체계를 전개하고 있다.

'공리'란 증명이 필요 없이 모든 사람이 동의해주기를 바라는 명제다. '전체는 부분보다 크다'는 명제에 대해 증명을 요구하는 사람은 없을 것이라는 이야기다.

유클리드 기하학의 공리는 5가지다.

① 임의의 점과 다른 한 점을 연결하는 직선은 단 하나뿐이다.

② 임의의 선분은 양끝으로 얼마든지 연장할 수 있다.

③ 임의의 점을 중심으로 하고 임의의 길이를 반지름으로 하는 원을 그릴 수 있다.

④ 모든 직각은 서로 같다.

⑤ 임의의 직선이 두 직선과 만날 때, 같은 쪽에 있는 내각의 합이 두 직각(180°)보다 작으면, 언젠가 이 두 직선은 두 직각보다 작은 내각을 이루는 쪽에서 반드시 만난다.

이 중에서 '5'번 공리는 난해하다. 무슨 내용인지 이해하기 어려울 뿐 아니라, 이 명제는 두고두고 문제를 일으키게 된다.

중학교 교과서에는 이를 쉽게 풀어서 쓰고 있다.

'직선 밖의 한 점에서 직선과 평행하는 선은 하나밖에 그을 수 없다'는 평행선 공리다.

후일 가우스, 볼리아이, 로바쳅스키 등에 의해 그렇지 않을 수도 있다는 반론이 제기되었다. 이들은 각각 세 가지 가능성을 고려함으로써 주제에 접근했다. 즉 주어진 직선 밖의 한 점에서 주어진 직선과 평행인 선은 '꼭 하나' 존재하거나, '하나도 없거나' 또는 '둘 이상' 존재할 수도 있다는 것이었다.

유클리드의 공리 중 하나를 부정하면서 새로운 체계를 만들어낸 것이 바로 '비유클리드 기하학'이었다. 비유클리드 기하학은 '유클리드 기하학'의 5번째 공리를 다음의 것으로 대체했다.

'직선 밖의 점 P에서 직선과 평행하는 직선은 최소 2개가 존재한다.'

유클리드가 가정한 평면은 우리의 머릿속에 상상으로만 존재할 뿐, 실제의 세계에서 그런 평면은 존재하지 않는다는 것이었다. 그것은 지구가 둥글기 때문이다. 그럴 경우 '삼각형의 내각의 합도 $180°$보다 작아야 한다.'

비유클리드 기하학의 대상이 되는 공간을 **비유클리드 공간**이라고 부른다. 비유클리드 기하학이라는 명칭은 가우스가 처음으로 사용하여 이의 원조가 되었다.

19세기까지 유클리드 기하학은 절대적인 것으로 인정받고 있었으나 비유클리드 기하학이 등장하면서 유클리드 기하학은 기하학의 한 특수 형태, 즉 곡률 제로(0)인 조건에서만 성립될 수 있다는 것이 증명되었다. 즉 유클리드 기하학은 평면에서만 적용되는 특수한 경우라는 것이다.

비유클리드 기하학의 발견은 공리를 자명한 명제로만 여겨왔던 재래식 사고방식에 변혁을 가져오게 되었고, 기존의 명제를 부정하면서도 무리가 없는 새로운 질서의 세계를 만들었다.

뉴턴의 물리학이 아인슈타인에 의해 부정된 것처럼 유클

리드 기하학이 가우스에 의해 부정된 것이다. 아인슈타인의 상대성 이론에 의하면 뉴턴의 물리학은 빛의 속도가 '무한'일 경우에만 성립되는 특수한 경우로 한정되고, 가우스에 의하면 유클리드의 기하학 역시 곡률 '0'일 경우에만 성립되는 특수한 경우라는 것이다.

아인슈타인이 뉴턴의 절대 시공간 개념을 뒤집어 4차원의 시공간 개념을 도입했듯이, 가우스는 유클리드의 공리를 뒤집어 새로운 공리에서 출발하여 새로운 기하학의 지평을 열었다.

이토록 어려운 수학이라니,
'3대 작도 불능 문제'

그리스인들은 논리적인 것을 좋아했다. 여기서 수학, 기하학, 논리학이 발달하게 되었다.

기하학에 대해서도 그들은 반듯하고 온전한 것을 추구했다. 그래서 정삼각형, 사각형, 온전한 원을 신성시하는 대신 타원, 쌍곡선, 포물선 등은 천박한 것으로 여겼다.

그런 사유의 원조는 플라톤이었다. 그에게는 천체의 운동 또한 반듯한 원이어야 했다. 이러한 사상이 중세까지 이어지면서 당위적인 사고가 지배했다. 그래서 그 고정 관념을 깬 케플러가 위대하다는 것이다.

기하학의 작도에 있어서도 그들은 눈금 없는 자와 컴퍼스

만을 고집했다. 이 때문에 2천년 동안 풀리지 않는 문제도 많았다.

이들이 풀지 못한 '기하학 작도 문제'는 3가지였다.

① 주어진 정육면체 부피의 2배가 되는 정육면체 한 변의 길이

② 임의의 각을 3등분하는 문제

③ 임의의 원과 넓이가 같은 정삼각형의 작도

기원전 400년경, 그리스 델로스섬에 전염병이 돌아 많은 사람이 죽어 갔다. 사람들은 아폴로 신에게 진염병을 없애달라고 빌었다. 그러자 아폴로 신의 계시가 내려졌다.

'이 신전 앞의 제단을 지금 부피의 2배가 되도록 만들면 전염병을 없애 주겠다.'

그러자 사람들은 제단의 모서리 길이를 2배로 하여 새로운 제단을 만들었다. 그러자 전염병은 더욱 무섭게 번졌다.

다시 아폴로 신의 계시가 내렸다.

'가로, 세로, 높이를 2배로 했으니 부피가 8배로 늘어나지 않았는가!'

그리스 사람들은 이 문제를 풀 방법이 없었다. 이것은 18세기에 이르러서야 작도가 불가능한 문제임이 증명되었다.

요즘의 수학으로 보면 $X^3 = 2$가 되는 문제다. 어떤 수를 세제곱해서 2가 되는 유리수의 근은 없다. 이것은 무리수 근을 갖는 3차 방정식 문제가 된다. 비록 이 문제는 풀리지 않았지만 이를 연구하느라 기하학은 크게 발전했다.

히피아스의 곡선(히피아스가 발견한 임의의 각을 삼등분하는 데 이용되는 곡선), 유선형 날개(유선형은 공기가 부드럽게 흐르며, 소용돌이가 발생하지 않도록 하는 형태), 원추 곡선(평면으로 원뿔을 잘랐을 때 생기는 곡선) 등이 이 연구의 부산물들이다.

: 찾아보기 :

기타

세상 읽기 시크릿
법칙 101

패턴 뒤에 숨어 '세상을 움직이는 법칙들!'

지은이 이영직

펴낸이 이종록   펴낸곳 스마트비즈니스

등록번호 제 313-2005-00129호   등록일 2005년 6월 18일

주소 경기도 고양시 일산동구 정발산로 24, 웨스턴돔타워 T4-414호

전화 031-907-7093   팩스 031-907-7094

이메일 smartbiz@sbpub.net

인스타그램 smartbusiness_book

ISBN 979-11-6343-068-1   03300

초판 1쇄 발행 2024년 12월 6일

백 마디 말보다
한 마디 유머가 '더 큰 응원이 된다!'

The essence of Jewish humor
유대 5천 년, '탈무드 유머 에센스!'

유머라면 유대인처럼

박정례 편역 | 4·6판 | 248쪽 | 값 12,800원

"아래는 어떤 유머에 실린 'Insight'일까요?"

 병이나 사고로 죽음의 문턱까지 갔다가, 다시 살아난 사람은 안다. 삶을 어떻게 살아야하는지. 그래서 그들은 하나같이 자신보다는 남을 위해 산다. 삶과 죽음의 갈림길에서 그들은 무엇을 본 것일까?

 항상 자신보다 남을 의식하며 살고, 남의 시선을 위해 사는 사람은 불행해진다. '남'을 의식할 때 '나'는 의식을 잃는다. 인간은 타인의 눈길에서 지옥을 경험한다.

 사람들은 서서히 부자가 되는 것보다 당장 다음 주 복권에 희망을 건다. 하지만 부자가 되는 것은 아이의 키가 자라는 것과 같다. 서서히, 그러다가 어느 순간, 훌쩍 자라 있다.

 지키고 싶은 것이 있는 사람은 힘이 세다. 그래서 소중한 것을 지닌 사람은 쉽게 해칠 수 없다. 돈이나 금붙이가 아니라 사랑하는 사람, 가족, 꿈 등 간절히 지키고 싶은 그 무엇이다.

 13이라는 숫자는 미국에서는 불운이지만 이탈리아에서는 행운을 뜻한다. 9라는 숫자는 일본에서는 불운이지만 중국에서는 행운이다. 사실은 하나인데 해석은 종교, 문화, 발음 등으로 제각기 다르다. 틀린 게 아니라 다르다.

인간의 선택과 결정에 숨겨진
'진화심리학의 놀라운 진실!'

200% 실패할 걸 알면서도
왜 나는
똑같은 행동을 반복하는가

더글러스 켄릭, 블라다스 그리스케비시우스 지음
조성숙 옮김 | 신국판 | 364쪽 | 값 21,000원

헤밍웨이가 밝히는
'글쓰기에 관한 특별한 지혜!'

헤밍웨이,
글쓰기의 발견

어니스트 헤밍웨이 지음 | 래리 W. 필립스 엮음
박정례 옮김 | 신국판변형 | 200쪽 | 값 17,000원